园圃孵新苗

科技出墙来

宋健

宋健为本书作者的题词

（中国科学院院士，中国工程院院士）

科技园建设的理论与实践

吴神赋 著

经济科学出版社

图书在版编目（CIP）数据

科技园建设的理论与实践 / 吴神赋著 . —北京：经济
科学出版社，2014.2
ISBN 978 - 7 - 5141 - 4305 - 8

Ⅰ . ①科⋯　Ⅱ . ①吴⋯　Ⅲ . ①高技术园区 - 研究 -
世界　Ⅳ . ①F112

中国版本图书馆 CIP 数据核字（2014）第 027876 号

责任编辑：侯晓霞　张　力
责任校对：徐领柱
责任印制：李　鹏

科技园建设的理论与实践

吴神赋　著

经济科学出版社出版、发行　新华书店经销
社址：北京市海淀区阜成路甲 28 号　邮编：100142
总编部电话：010 - 88191345　发行部电话：010 - 88191522
网址：www. esp. com. cn
电子邮件：houxiaoxia@ esp. com. cn
天猫网店：经济科学出版社旗舰店
网址：http：//jjkxcbs. tmall. com
北京密兴印刷有限公司印装
710 × 1000　16 开　12. 25 印张　180000 字
2014 年 3 月第 1 版　2014 年 3 月第 1 次印刷
ISBN 978 - 7 - 5141 - 4305 - 8　定价：40. 00 元

序

从 1988 年开始，我国陆续建立了 105 个国家级高新技术产业开发区。经过 25 年的开发，高新技术产业已成为我国国民经济中最富活力的重要板块，一大批高新技术企业茁壮成长，它们提升了产业，推动了投资，拉动了消费，扩大了出口，增加了就业，引导了教育，促进了立法，有力地支撑了国民经济和社会发展在改革转型期的平稳过渡。

高新区对我国诸多方面的深层次影响日益显现，越来越引起社会各界和世界各国的广泛关注。历史证明，党中央、国务院"发展高科技、实现产业化"、深化科技体制改革的战略决策是英明的、果断的。

高新区的建设其实是很有中国特色的，它没有完全照搬欧美发达国家科技园的建设模式。相反，它的确创造出了中国经验，为其他国家特别是发展中国家的科技产业开发提供了一些有益借鉴。

认真研究世界其他国家科技园的建设，对我国高新区的进一步发展无疑具有十分重要的参考价值。在这方面，国内科技界、学术界 20 多年来持续地作过一些有益探索，我国高新区与国外科技园的交流、合作在不断扩大，对世界科技园发展规律的认识也在不断深化。

《科技园建设的理论与实践》就是一部比较全面、系统地研究世界科技园建设理论与实践发展的著作。作者较翔实地掌握了世界发达（如美、日、欧）、新兴工业化（如新加坡、韩国、中国台湾）和发展中国家或地区（如印度、印度尼西亚、马来西亚）三个层面的主要科技园的实践资料，对它们的基本类型、创建方式、管理体制、创新模式、运行机制、制度和非制度因素这六个科技园建设的重要环节进行了全方位的对比，并分析了中国高新区"特色"举措的利与弊，对中外科技园作了仔细的比较研究。

特别是作者还专门辟开一章，对科技园建设的基础理论问题进行了深入探讨，从经济学、管理学、制度学、系统论、创新论等多个理论角度，阐述了科技园这一人类新创举产生、发展的历史逻辑和规律认识，为全书要素的比较分析铺垫了理论基础。把科技园建设提升到理论高度，有助于人们更好地认知科技园的本质、科技园的机理、科技产业的规律、科技园与社会的相互作用等，因而有助于建设者们理顺思路、清晰路径、坚定信心。

作者是一位长期从事科技孵化、园区开发、招商引资、企业服务的一线干部，他放眼世界科技园的发展，关注科技园建设理论的精神难能可贵，值得鼓励，为科技园建设在学术与实践的结合上迈出了扎实一步。

唐任伍

北京师范大学教授，博士生导师

2014 年 1 月

目　　录

绪　　论

一、概述

自 1951 年美国创立斯坦福科学园并形成"硅谷"以来，世界上已建有 2000 多个科技园。中国从 1988 年中关村成为第一个国家高新区以来，截至目前，国家高新区总数已达 105 家。经过 20 多年的蓬勃发展，国家高新区已成为我国依靠科技进步和技术创新支撑经济社会发展、走中国特色自主创新道路的一面旗帜，成为我国高新技术产业发展的最主要的战略力量，成为引领科学发展、创新发展和可持续发展的战略先导。

在取得成绩的同时，我国高新区也存在着管理体制僵化、运行机制不畅、创新能力不足、产业规模不大等问题。聚集经济理论、增长极理论、网络组织和区域创新理论、地区创造性理论、产业簇群理论、空间扩散理论、孵化器理论、三元参与理论、制度与非制度因素九大理论构成了科技园的基础理论框架，以指导科技园建设实践。

比较科技园建设最核心的六大环节——基本类型、创建方式、管理体制、创新模式、运行机制、制度及非制度因素，世界各国各具特色，有成功、有失败；有经验、有教训。我国高新区的开发特点以政府主导为主，实施"特区型"、"封闭式"管理，先有利，后有弊；整体上与高新技术产业知识密集、资本密集和高风险、高竞争的特点难以适应；与世界先进科技园存在较大差距。

在理论探讨、国际比较的基础上，本研究针对我国国情，首次提出中国高新区创新驱动的战略体系观点：创新驱动应遵循高新技术产业成长的内在规律，不仅要解决科技园的国内外竞争问题，还要解决高新区与中国经济社会的融合问题——把高新区创新驱动战略融入我国国民经济和社会发展的大目标中来，而不是游离在外。

科技园的生命在于"创新"，"创新"有赖于区域网络组织的形成，网络组织上的节点就是各个科技企业。以往国内学者对高新区的研究，较多关注政府及其派出机构对园区发展的影响，而忽视了园区内各个主体之间的相互作用——而这正是科技园生命机能之所在。高新区的创新驱动需要建设者们更多地关注企业，努力营造区域创新网络。创业文化是科技园的"灵魂"。"硅谷精神"创造了硅谷活力，但"硅谷精神难以仿效"。创业文化应该摆上"创新驱动的议事日程，一定要把几千年儒家优秀的传统文化与现代科技结合起来，在科技园内精心培育赶超文化、竞合文化、诚信文化，形成社会氛围，弘扬有中国特色的创业文化。

二、研究背景

自 1951 年美国创立斯坦福科学园（Science Park）并形成"硅谷"以来，伴随着信息革命和知识经济的浪潮，世界上许多国家和地区纷纷建立自己形形色色的科技园，迄今已有 2000 多个。如日本的筑波科学城、九州硅岛和众多的技术城；英国的剑桥科技园、苏格兰硅谷等；法国的安第波利斯科技城及波尔多、图卢斯等科学园；德国的西柏林革新与创业中心以及俄罗斯的新西伯利亚科学城等。此外，意大利、西班牙、荷兰、比利时、爱尔兰、瑞典、加拿大、澳大利亚、以色列及东欧诸国也建立了形式各异的科技园。继硅谷之后，美国又建立了"128 公路"高科技产业带、北卡罗纳三角研究公园等几百个科学园区。值得注意的是，20 世纪 80 ～ 90 年代，一些新兴工业化和发展中国家或地区，面对新一轮世界性的产业结构调整，也相继建立了一批科技园，如中国台湾地区（新竹和台南）和新加坡（肯特岗）、韩国（大德）、马来西亚（多媒体走廊）、印度（班加罗尔）等。

世界各地的科技产业园（简称"科技园"）有各种各样的形式和名称，

主要有科学园、研究园、科学城、技术城、科技工业区、高技术产品出口加工区及各种专业科技园（如软件园、生命科学园、新材料园、农业科技园）等等。在我国，科技园的官方正式称谓是"高新技术产业开发区（New & High Technology Industry Development Zone）"，简称"高新区"。不管是国际上通称的"Science Park"，还是国内称谓的"高新区"，科技园其实是人类跨入第三次科技革命之后出现的集科学研究、技术开发、产业发展于一体，合智力密集、资本密集、利润密集于一身的新兴产业创新区域。其特征是产业发展与科技研发紧密结合。

从 1988 年开始，我国陆续建立了 105 个国家级高新技术产业开发区，通过创造局部优化的创业环境来实现科技成果的产业化和国际化，以此来推动产业结构调整升级，增强科技经济综合竞争力。这种产业发展与科技活动的结合，解决了科技与经济脱离的问题，使人类的发现或发明能够畅通地转移到产业领域，实现其经济和社会效益。经过 20 多年的开发，我国高新区已成为国民经济中最富活力的重要板块。一大批高新技术企业苗壮成长，它们推动了投资，拉动了消费，扩大了出口，增加了就业，引导了教育，促进了立法，为我国的改革开放和社会进步做出了历史性贡献。

但是客观地看，我国的高新区还处于发展初级阶段，无论是与世界先进的科技工业园相比，还是与高新技术产业发展的规律要求而言，仍然存在很大的差距。突出表现为管理体制僵化，运行机制不畅，非制度因素建设滞后，创新能力不足以及政策法规设计不够完善等问题——中国高新区正面临着向创新驱动模式的升级。因此，通过比较分析世界先进科技园在制度设计、运行机制、管理体制、创新模式以及非制度安排等方面的成功之处，为我国高新区的建设与发展提供借鉴是十分必要的。但是，世界各国的社会法律制度、文化价值观念、经济发展水平各不相同，世界各国科技园在管理体制、运行机制、创新模式、政策法律环境等方面均有自身特色。在对众多类型各异、特点不一科技园的比较甄别中，不进行理论抽象、经验升华的规律研究，是难以指导我国高新区建设实践的。

基于以上想法，本研究希望通过对世界先进科技园建设核心环节系统化的比较研究，重点探讨科技园产生与发展的基础理论；结合我国高新区的开

发特点及问题分析，寻求高新技术产业成长的内在规律，以实现我国科技园
的科学发展。

三、国内外研究动态

国外学术界对科技园的研究开始于20世纪80年代初期，近20年来有
关的学术论文相继发表。目前关于科技园研究的国际性民间组织主要有国际
大学研究园协会、国际科学园协会、国际企业孵化器协会等。这些组织的主
要职能是组织有关科技园的研究与交流，定期发表有关世界各国和地区科技
园的信息等。美国学者安纳利·萨克森宁、汤姆·弗里斯特等对某些科技园
做过专门研究。随着科技园的蓬勃发展，关于科技园的研究成果也越来越
丰富。

(一) 国外研究现状

帕鲁（Perroux，1970)[1] 提出的增长极理论揭示了在区域内投资建立或
嵌入推动型产业之后，会形成集聚经济，通过乘数效应带动其他产业的发
展，从而使本区域经济得到迅速增长，并带动周围其他区域甚至全国经济增
长的动态机理。

增长极是西方区域发展理论中的重要概念，系指在一个地区中围绕推动
型的主导工业部门而组织的有活力的高度联合的一组工业，它不仅本身能迅
速增长，而且可以通过乘数效应，推动其他经济部门的增长。其中推动型单
位是指某些主导产业部门和创新企业。这些主导产业部门一般具有三个
特点：

（1）相对来说，是新兴的、技术水平较高、有发展前景的工业；

（2）产品主要输往区外，面向全国乃至世界市场，具有较高的需求收入
弹性；

（3）对其他产业有较强的驱动作用。

本研究认为这一理论可用来指导科技园的发展。科技园从诞生之日起，

---

[1] Perroux, F. 1970. Note on the Concept of "Growth Poles". In McKee, L. D. et al. (eds.) *Regional Economics: Theory and Practice*. The Free Press, New York.

就一直发挥着增长极的作用。科技产业尤其是其中起关键性的、主导作用的信息技术产业、生物技术产业和新材料技术产业，是科技园的推动型产业。它们促使科技园日益成为区域经济的增长极。增长极作用体现在两个方面：直接贡献和乘数效应。但与传统的集中区域不同，现代科技园内外企业之间的大量联系和所诱导的经济增长不仅建立在商品流和资金流上，同时也建立在信息流和技术流上。现代科技园不仅是物质经济的增长源，同时还是技术创新和技术扩散的源头，这是对传统增长极理论的深化。

　　1993 年 6 月，国际科学园协会在第 9 届世界大会上提出了三元参与理论。这一理论认为，科技园是科技、高等教育、经济和社会发展的必然产物，是在大学科技界、工商企业界和政府三方相互结合下产生的，在三方的共同参与和积极推动下得到发展。科技园为大学科技界、工商企业界和政府三方结合提供了一种很好的形式。一般来说，政府以政治形势稳定、经济和社会发展为目标；企业以追求利润、维持生存和持续发展为目标；大学和科技界主要以培训人才和取得科研成果为目标。三方的目标既有长期的一致性，也有中期的差异性和近期的矛盾性。把三方的目标变成统一的政策、协调的行动，是科技园发展的关键。三元参与理论要求大学改变过去按部就班培养人才的模式，采取在创业和开发中培养人才的新模式；要求科技界根据大众的需求导向进行科学研究，使不同类型的科学研究互相交叉，与市场接轨，为企业解困；要求企业界在大学和科技界中寻找新型合作伙伴，共同开发，共同创业，并加强自身的研究能力；要求政府加强专业服务和政策导向。这样，大学科技界、工商企业界和政府的行动就得以统一和协调，科技园得以蓬勃发展。

　　诺思在《制度、制度变迁和经济绩效》[①] 中，将制度分为正式制度和非正式制度，并进一步将正式制度区分为官方法律制度和民间制度两个不同的组成部分。从非正式制度的角度看，硅谷文化的广泛包容性及其推崇创业、宽容失败、鼓励冒险的社会文化观念能够极大地激发人们的创新和奋斗精神，从而为硅谷企业注入了强大的活力和创造力。美国学者萨克森尼在《区

---

① 　D. 诺思：《经济史中的结构与变迁》，上海三联书店 1991 年版。

域优势：硅谷与 128 公路地区的文化与竞争》① 中，对造成两者间发展差异的社会经济文化因素作了深刻的比较分析，指出发生这种差异的根本原因在于制度、环境和文化背景的不同，人们往往没有意识到，是硅谷那种合作与竞争的不寻常组合与其他要素共同构成的制度环境给他们带来了成就。这种区域文化优势正是硅谷企业迅猛发展的重要因素。

网络组织理论②认为，网络组织是处理系统创新事宜所需要的一种新的制度安排，是一种在其成员间建立有强弱不等的各种各样联系纽带的组织集合。它比市场组织稳定，比层级组织灵活，是一种介于市场组织和企业层级组织之间的新的组织形式。网络组织理论是当代西方微观经济学从 20 世纪 80 年代中后期以来逐渐形成并迅速发展起来的一个新领域，是近年来经济学家在分析经济全球化现象和区域创新现象时经常使用的工具。网络组织理论认为，创新网络可以在各种空间规模中形成，可以是全球性的、全国性的或者区域性的。笔者认为，科技园是一种区域创新网络组织；科技园的组建与发展过程，就是一个网络组织的形成和发展过程；区域创新网络的形成应该是科技园发展成熟的最本质特征。因而作为一种网络组织的科技园，必须致力于区域创新网络的培植。园区内各行业主体必须充分认识到扎根本地、相互结网、充分利用本地各种资源以获得长期竞争优势的必要性，并为满足这种需求相互创造各种有利条件，从而激活网络中各结点，推动各结点之间的交流与联系，强化网络联系，最终形成区域创新网络，使科技园获得蓬勃发展。

在现代创新理论中，创新过程分析的核心是公司联盟和战略活动以及公司、研究机构、大学和其他组织的交互作用。弗里曼（Freeman，1991）③ 引入国家创新系统概念，1992 年该理论得到伦德瓦尔（Lundvall）等人的进一步发展。弗里曼认为，创新网络是应付系统性创新的一种基本制度安排，网络构架的主要连结机制是企业间的创新合作关系。他进而把"创新视野中的

---

① M. 卡斯特尔等：《世界的高技术园区》，北京理工大学出版社 1998 年版。

② Robertson P. L. and R. N. Langlois. Innovation, networks, and vertical intergration. *Research Policy*, 1995. 24：543 - 562.

③ Freeman, C. Networks of Innovators：A Sythesis of Research Issues, *Research Policy*, 1991. 2：499 - 514.

网络类型"分为：合资企业和研究公司、合作研发协议、技术交流协议、由技术因素推动的直接投资、许可证协议、分包、生产分工和供应商网络、研究协会、政府资助的联合研究项目等类型。其中一些实际上是创新网络中的双边关系类型。目前，"创新网络"概念已得到广泛使用。在网络环境中货物、服务和知识技术的供应商和购买者之间存在密集的交互作用，其中供应商包括公共的知识基础设施机构，例如大学等。在重新检验传统经济理论和创新理论假设的基础上，西方学者提出了关于簇群的核心假设，并称之为"创新相互依赖假设"①。该假设（C. Bresson，1996）认为，创新倾向于通过经济网络的前向和后向联系群聚在一起；经济条件，如网络中供应商和用户的密度，作为限制和激励因素使得创新活动在不同的地区间发生差异。该假设的另一种表述是：当代公司几乎没有单独进行创新，客户、供应商和知识生产部门之间的密切交往和知识交流很可能改善公司的创新（Edquist，1997）。

　　聚集现象是经济生活中非常常见的现象，著名经济学家马歇尔早在19世纪末就讨论过这一现象，他认为专门的工业会因为各种原因而集中于特定的地方。聚集经济（agglomeration economics）的概念发端于 A. 韦伯的区位理论。韦伯在分析单个产业的区位分布时，首次使用了"聚集因素"（agglomerative factors）② 术语，并阐述了它在产业区位分布中所起的重要作用（Weber，1929）。聚集经济概念的提出是基于人们对下列经济现象的观察，即经济活动在空间上呈现局部集中特征。这种空间上的局部集中往往伴随着在分散状态下所没有的经济效率，亦即产生了企业聚集而成的整体系统功能大于在分散状态下各企业所能实现的功能之和。我们把这种因众多企业的空间聚集而产生的额外好处，称为聚集经济（agglomeration economies）。继韦伯之后的经济学家，如罗煦（Losch，1954）③、佛罗伦斯等人，进一步发展了聚集经济的概念。弗塞尔与伯格曼通过区域与产业簇群的概念，系统地阐

　　① Bresson. C. and Amease. F. Networks of Innovations: A Review and Introduction to the Issue. *Research Policy*, 1996. 2: 363 – 379.

　　② Weber. Alfred. "*Theory of Location Industries*". Chicago: University of Chicago Press, 1929: 126 – 134.

　　③ Losch. August. "*The Economics of Location*". New Haven: Yale University Press, 1954.

述了形成聚集优势的理论基础：外部经济、创新环境、合作竞争与路径依赖等，并且还通过价值链与投入—产出途径来确定产业簇群的存在，通过区位系数、网络分析等对产业簇群进行分析。马丁探讨了存在聚集经济条件序列区位竞争的结果，他通过模型得出这样的结论：在存在聚集经济时，赢得第一次的区位竞争使一个区域对以后的企业更具吸引力。聚集是区域经济学研究城市发展中功能演化的重要内容，一般而言，它有两个方面内涵：一是指与企业规模和产业集中相联系的内部与外部经济；二是指各种社会、经济因素向城市空间集聚和彼此相互作用所带来的经济收益。

伴随着产业簇群在现代经济生活中日趋普遍，许多学者对产业簇群进行了大量的研究。哈佛商学院教授迈克尔·E·波特将其"菱形理论"[1]与区位理论结合起来，提出了新竞争经济学的企业群落理论。波特对簇群（Cluster）的定义是：位于某个地方、在某一特定领域内互相联系、在地理位置上集中的公司和机构的集合。聚群包括一群对竞争起重要作用的、相互联系的产业和实体（Porter，1998）[2]。

本研究认为，科技园的作用就是促进大规模产业簇群的产生。科技园是发端于20世纪50年代、盛行于80年代之后、世界性的以开发高技术、开拓新产业为目标的促进社会经济高速发展的创新型社会组织形式。这种组织形式在各国争相建立，极大地促进了高新技术产业的发展。高新技术在世界范围的扩散，创造了知识产业的规模效应与社会效应，客观上加速了世界经济的发展和经济全球化趋势。一些世界著名的科技园产生了创新目标明确、创新要素高度集聚、创新能量不断积累、创新环境与制度条件优化组合的高度协调与互动，从而形成明显的科技创新聚变效应（fusion effect），在世界科技史上刷新了技术进步对经济影响的纪录。

---

[1] Porter, M. E. "*Clusters and the new economics of competition*". *Harvard Business Review*, 1998, Nov-Dec.

[2] Porter, M. E. "*Clusters and the new economics of competition*". *Harvard Business Review*, 1998, Nov-Dec.

（二）国内研究现状

唐任伍研究[①]认为，知识型的世界经济增长模式将代替传统的资源型经济增长模式，21 世纪科学技术对经济增长的贡献率将超过其他生产要素的总和。因此，必须推动科技进步贡献率来抵消投资边际效益递减率。在某种意义上说，经济结构调整的速度与规模决定着新经济的发展速度和规模。所以，用高新技术成果改造传统产业，促进传统产业升级换代，是中国未来经济的重要增长点。他认为，约瑟夫·熊彼特在"旧经济"时代提出了"创新是经济增长的动力"的见解，在当前的"新经济"时代仍然相当适用。但相比美国人踊跃在高科技领域投资，华人欠缺投资高科技的风险意识，华人文化经济圈欠缺科技风险投资的资本市场——尽管他们拥有极高的储蓄率和巨大的私人资本。华人经济要升级上档次，就必须实现高科技创业，其关键是实现企业家与科学家的有机结合。他相信在 21 世纪，几千年的儒家文化根基一旦与新科技结合，以儒家思想作灵魂主导，必然会形成新的、全世界有用的价值观。全球化不仅是对民族经济的挑战，而且是对民族国家的挑战。我国作为一个发展中国家，可以借助新经济发展的成果，采取后发优势，实现跨越式发展。

景俊海[②]在三元参与理论的基础上提出了成功科技园发展模式的五元驱动理论。他认为，三元参与理论显得过于简单，不能准确描述科技园的发展。科技园（不包括出口加工区和经济开发区）发展的关键在于政府部门、工商企业界、大学科技界、企业孵化器以及投融资机构的共同驱动。

白克明（1993）在研究国内外科技园的发展模式后，将其分为三种类型：优势主导模式；优势导入模式；优势综合发展模式。[③]

顾朝林、赵令勋（1997）认为：国外科技园发展一般可分为两种类型：内生型（本地型）和扩散型（外地型）。中国发展高新区的模式应该既不同

①　唐任伍：《世界经济大趋势研究》，北京师范大学出版社 2001 年版。
②　景俊海：《硅谷模式的发展、模仿与创新》，西安电子科技大学出版社 2001 年版。
③　白克明：《加快高新区的改革与建设》，北京师范大学出版社 1993 年版，第 77～78、第 178～179 页。

于发达国家建立的以内生型开发区为主导的模式，也不应该与其他发展中国家一样，只采用以扩散型、出口加工型为主的模式，而应当建立以内生型为主导，内生型与扩散型并举的模式。他们认为中国高新区经过多年的探索和不断发展正逐步向创新与孵化器型、研究与开发型和出口加工型三种类型转化。①

张晶（1995）在对中日科技园进行比较研究时提出，中日科技园相似之处：同属国家主导型；建立了官、学、研协作的研究开发体制；重点发展的技术领域相同。中日科技园差异之处，园区形成过程不同：日本园区的建立属于产业政策主导，中国园区的建立属于科技政策主导；运行机制不同：中国园区是政府管理体制，日本园区运营主体为股份制研究中心、财团法人和地方政府；国际化差异：中国园区国家化程度高，而日本园区国际化程度高。②

四、研究的思路与方法

本研究将遵循由理论到实践、由国际到国内的思路，首先着重研究科技园产生与发展的理论，通过对相关理论的梳理，增加对现实的理解与认识。然后就科技园建设的基本类型、创建方式、管理体制、创新模式、运行机制、制度与非制度安排六大重要环节进行系统的国际比较。通过这种细致的比较分析，寻求科技园发展的一般规律。最后，针对我国高新区的开发特点，结合科技园国际成功经验，剖析我国高新区存在的问题并提出创新驱动的对策建议。

根据以上思路，本研究主要内容安排如下：

第一章：世界科技园发展概况。

第二章：科技园建设的理论基础。

第三章：科技园基本类型及创建方式的国际比较。

第四章：科技园管理体制的国际比较。

第五章：科技园创新模式的国际比较。

---

① 顾朝林、赵令勋：《中国高技术产业与园区》，中信出版社 1998 年出版，第 289－293 页。
② 张晶：《中日高科技工业园比较研究》，载于《北京科技报》，1995 年 10 月 30 日。

第六章：科技园运行机制的国际比较。

第七章：科技园制度与非制度因素的国际比较。

第八章：中国高新技术产业开发区创新驱动的对策。

五、研究的理论意义与实践价值

在1995年全球科学园、研究园及创业育成中心联合研讨会上，剑桥大学的福密克教授指出："科技园因推动与调和产业与科技界所有可能的合作机会，以至于明确地缩短了将研究成果转换为创新产品或创新支撑的时间——科技园是竞争优势的一个创造者，对于国家及特定区域未来成长势必具有举足轻重的作用和影响。"[1] 科技园作为世界新技术革命和知识经济时代出现的一种较高层次的经济性特区，能实现产、学、研"三位一体"的发展，在设区国或地区的产品更新换代和产业转型升级中起着先导作用，因而成为世界各国和地区应对知识经济的严峻挑战，增强未来区域竞争优势的重要举措。

中国高新区已成为引领科学发展、创新发展和可持续发展的战略先导，取得了举世瞩目的巨大成就。但与"硅谷"等世界知名科技园相比，仍存在很大不足。国内许多地区建设科技园时不惜重金，相互攀比严重，甚至连乡镇一级都在建设科技园。根据顾朝林（1998）[2] 和夏海钧[3]等人对我国科技园发展的评价，我国科技园在各项指标上均与国际先进园区存在很大差距，且发展极不平衡。这表明我国在许多方面对"科技园"缺乏深刻认识，相关的规律研究与理论支持不足。

因此，比较、借鉴世界先进科技园的成功经验，研究、探讨科技园成长的内在规律，对我国高新技术产业开发就显得尤为重要。希望本研究能为有关方面提供发展科技园的相关知识背景和必要的理论支持，为中国高新区建设特别是当前的创新驱动提供有益参考。

---

① 转引自钟坚：《世界硅谷模式的制度分析》，中国社会科学出版社2001年版，第6页。

② 顾朝林等：《中国高技术产业与园区》，中信出版社1998年版。

③ 夏海钧：《中国高新区发展之路》，中信出版社2001年版。

六、研究中有新意的见解和观点

本研究的性质决定采取比较研究的方法。在行文中，力求做到：第一，所比较的面尽可能地广泛而有代表性，能反映当今世界科技园的成长类型和发展趋势；第二，所比较的内容尽可能地系统而有关键性，能反映科技园从产生、发展至成熟的各个重要环节和主要方面；第三，结合国际比较研究，深入探讨科技园的基础理论，深刻剖析中国高新区的开发特点，使实践与理论有机结合，从而保证本研究的比较研究结果能自成体系、具有价值。

（一）研究角度创新，填补国内空白

以往我国学者对国内外科技园的比较研究，大多选择一两个国家（地区）或者科技园建设的一两个方面。本研究所比较的范围包括世界发达（如美、日、欧）、新兴工业化（如新加坡、韩国、中国台湾）和发展中国家或地区（如印度、印度尼西亚、马来西亚）三个层面的主要科技园；所研究的内容涉及组成科技园建设系统的基本类型、创建方式、管理体制、创新模式、运行机制、制度和非制度因素六大重要环节。力图使本研究成为国内第一个全面的、系统的对当今世界科技园建设的国际比较研究。从这个角度来说，作者是在进行一次大胆的尝试，因为高新技术产业开发本身就是一个关系政府、企业、社会个人的行为协调，关系国家科技、经济、政治文化的制度安排的系统工程。

（二）初步构建了科技园建设的基础理论体系框架

本研究单列一章来研究科技园这一人类"创举"产生、发展的基础理论：聚集经济理论、增长极理论、网络组织和区域创新理论、地区创造性理论、产业簇群理论、空间扩散理论、孵化器理论、三元参与理论、制度与非制度因素等九大理论。遵循科技园产生、发展的历史逻辑，寻求理论解释和实践意义阐述，从而初步构建了科技园建设的基础理论体系框架。

尽管这些理论大多数并不是针对科技园的专门研究，有的甚至还早于人类科技园的产生，但它们仍然可以帮助我们从经济学角度去理解为什么当今

世界会产生科技园；科技园的功效是什么；科技园为什么会造成以及怎样造成这些功效的。从理论层面回答这些问题，将有助于科技园的开发者、建设者们清楚高新区的本质、高新区的机理、高新技术产业的规律、高新区与社会的相互作用等，从而明确目标，清晰思路，认知途径，坚定信心。

（三）　系统提出中国高新区实现创新驱动的战略观点

经过 20 多年的开发建设，我国 105 个国家级高新区已形成了一定水平的软硬件设施和一定规模的高新产业，但各高新区发展不平衡，且普遍存在主导产业雷同、企业规模不大、创新层次不高、国际竞争力低下等问题。面对知识经济兴起的浪潮、国际技术壁垒的挑战以及中国建设创新型国家的历史使命，高新区必须实现创新驱动。本研究在科技园国际比较和理论分析的基础上，针对我国高新区的开发特点，尝试提出中国高新区创新驱动的战略系统观点：认为创新驱动应遵循高新技术产业成长的内在规律，不仅要解决科技园的国内外竞争问题，还要解决高新区与中国经济社会的融合问题——把高新区创新驱动战略融入我国国民经济和社会发展的大目标中来，而不是游离在外。创新驱动的战略系统由以下观点组成：

（1）战略目标：为全面建设小康社会，肩负科教兴国和可持续发展战略，实现高新技术的产业化、国际化——并不是为建设高新区而发展高新技术产业。

（2）战略思想：以信息化带动工业化，以工业化促进信息化，走科技含量高、经济效益好、资源消耗低、环境污染少、人力资源优势得到充分发挥的新型工业化道路——而不是能购地、能建房、能缴税就行。

（3）战略主体：政府主导，工商企业界、教育科技界并驾齐驱，三元参与——通过制度创新，改变过去"特区型"、"封闭式"政府强力管理的较为单一的格局。

（4）战略阶段：我国高新区仍处在新型工业化阶段，必须抓住世界经济调整的契机，继续营造良好的软硬环境，加大招商引资力度，加速全球战略性新兴产业向高新区的聚集。

（5）战略步骤：高新区从诞生之日起，就发挥着增长极的作用，但目前仍处在增长极的能量积蓄阶段。对先进技术必须坚持引进吸收与自主创新并举，发展高新技术产业与改造传统产业并重，逐步推动国际化进程，利用国际国内两个市场配置两种资源，最终在世界经济领域参与国际化分工。

（6）战略原则："三轮驱动"原则、网络创新原则、产业聚变和孵化裂变原则、法制与文化原则。

（7）战略措施：大力加强制度建设；努力营造创新网络；精心培育创业文化。

创新驱动最核心的是制度建设。市场经济需要法制，必须遵循高新技术产业的成长规律，尽快完善经济立法，以调动积极因素，配置各种资源，规范经济行为。本研究始终强调制度的重要性，在分析园区的运行机制、创新模式等问题时，将制度建设作为一个基础问题加以重视。在分析制度问题时，又特别强调了加快高新区立法工作的重要性和迫切性。

科技园的生命在于"创新"——创新能力越强，科技园的生命力就越旺盛。但"创新"有赖于区域网络组织的形成，而网络组织上的节点就是各个科技企业。以往国内学者对高新区的研究，较多关注政府及其派出机构对园区发展的影响，而忽视了园区内各个主体之间的相互作用——而这正是科技园生命机能之所在。高新区的创新驱动需要建设者们更多地关注企业，努力营造区域创新网络。

创业文化是科技园的"灵魂"。"硅谷精神"创造了硅谷活力，但"硅谷精神难以仿效"。创业文化应该摆上创新驱动的议事日程，一定要把几千年儒家优秀的传统文化与新经济、新科技结合起来，在科技园内精心培育赶超文化、竞合文化、诚信文化，形成社会氛围，以弘扬有中国特色的儒家创业文化。

世界科技园的发展概况

一、世界科技园的发展历程

世界科技园的发展历程，大致可以分为四个阶段。

起步阶段：20世纪50年代初到60年代初。从1951年美国斯坦福大学创建世界第一个科学园开始，科技园呈燎原之势，美国各大学集中地和法国一些地区相继建立了类似的科学园。

发展阶段：20世纪60年代初到70年代初。随着世界第三次科学技术革命浪潮的兴起，科技园在全球范围内发展起来：1959年，苏联开始兴建新西伯利亚科学城，并在莫斯科南郊兴建普希诺生物研究中心；阿根廷1957年兴建了格莱特科技公园；1968年，日本政府拨巨资兴建筑波科学城；美洲、欧洲的很多国家也开始兴建各式各样的科技园。

低潮时期：20世纪70年代，由于石油危机，西方国家经济发展停滞不前并出现各种社会问题，使科技园的发展受到很大影响。

高潮时期：20世纪80年代起，随着世界经济的回升和国际竞争的加剧，科技园的发展又掀起新的高潮。发达国家加快了科技园建设的步伐；新兴工业化国家如新加坡、韩国和我国台湾地区也纷纷兴建科技园；印度、印度尼西亚、马来西亚等发展中国家几乎与我国同时起步，开始在本国兴建自己的科技园。据不完全统计，目前全世界共创办具有一定规模和影响的科技园500 余个，世界著名科技园的创建年份如表 1 - 1 所示。

表 1 - 1　　　　　　　　世界著名科技园及创建年份

国别	科技园名称	创建年份
美国	斯坦福科学园	1951 年
苏联	新西伯利亚科学城	1957 年
日本	筑波科学城	1964 年
法国	索非亚·昂蒂波科学城	1969 年
以色列	魏茨曼科学院科学公园	1970 年
英国	赫利奥特瓦大学科学园	1972 年
比利时	新鲁汶大学科学园区	1972 年
韩国	大德研究学院城	1978 年
中国台湾	新竹科学园	1978 年
新加坡	新加坡科学园	1979 年
德国	西柏林革新与新企业中心	1979 年
印度尼西亚	塞尔彭科学城	1985 年
印度	尼尔吉里技术城	1986 年

资料来源：M. 卡斯特尔和 P. 霍尔：《世界的高技术园区》，北京理工大学出版社 1998 年版。

二、世界科技园的发展现状

美国是世界科技园的发源地，其科技园遍布全国，数量和规模居世界之冠。主要有三种类型：（1）类似硅谷的高技术区；（2）类似 128 号公路（Route 128）的高技术带；（3）类似北卡罗来纳的研究三角园（the Research Triangle of North Carolina）。"硅谷"和"波士顿 128 号公路"已成为世界高新技术产业发展史上的传奇，特别是硅谷，堪称国际科技园的鼻祖，是无可比拟的成功典范。

　　日本从 20 世纪 60 年代开始就计划环绕日本列岛兴建一大批高新技术研究和生产制造密集的"技术城"。最著名和最有代表性的是位于东京东北 60 公里处的筑波科学城和位于本州中部的关西多核心科学城。该计划的目的是通过建立新的高技术产业来提高地方企业的技术水平，促进工业的发展；支持科技研发来推动地区经济的持续发展；创造能吸引技术人才的良好生活、工作环境；加强对现有资源的开发利用；鼓励大学与产业之间建立联系。技术城区位选择的标准为：（1）至少 15 万人口以上的都市区作为它的"母城"；（2）原料与产品出入方便的机场；（3）交通快捷的高速铁路或高速公路；（4）至少有一所大学或研究院。

　　英国是世界工业革命的策源地，近代自然科学理论和技术上的重大突破多产生于英国。在世界上，英国以擅长基础研究和新思想著称，但相比美国、日本，其科技成果的产业化应用就逊色许多。为推动科技成果产业化，1972 年，英国政府在赫利奥特瓦大学校园内建立了英国第一个科技园，从此兴起了一股创办科学园的热潮。为交流各科学园的经验，1984 年，英国成立了科学园协会。英国科学园大部分是大学创办的，通过创造优美、安静的科研环境，吸引知识密集型企业，来促进大学科研成果的产业化。到 20 世纪 80 年代中期，英国的 46 所大学办了近 20 个科学园，1987 年发展到 33 个。英国建立科学园的目的主要是为了加强大学和工业界的联系，而不是营利。除赫利奥特瓦大学科学园和剑桥科学园外，较著名的还有艾斯顿科学园和沃里克大学科学园。后两者更带有孵化器的性质——向客户提供研发设施和综合服务，提供灵活的风险投资、技术评价与咨询、市场评价等。

　　新竹科技园是中国台湾地区科技园的代表，也是其发展高技术的摇篮。新竹科学工业园区于 1980 年成立，至今已有 30 多年的历史。特有的产业集群效应已发展成为台湾高科技产业的重心，园区企业不仅创造出举世称羡的产值，也成功带动台湾产业转型升级，成为世界各国发展科技园区竞相模仿的典范。至今已有 500 余家企业进驻，从业员工总人数 15 万余人，产值超过 300 亿美元。园区产业共分 6 大类：集成电路产业、计算机及周边产业、通信产业、光电产业、精密机械产业及生物技术产业。2011 年整体产业总营业额达 10346 亿元（新台币），其中集成电路产业达 7081 亿元（新台币），为园区第一大产业；光电产业营业额 1974 亿元（新台币），为园区第二大产业；计算机及周边产业营业额 620 亿元（新台币），为园区第三大产业；之后依次为通信产业 339 亿元（新台币）、精密机械产业 230 亿元（新台币）及生物技术产业 60 亿元（新台币）（其他产业 42 亿元）。新竹科技园已经发展成为世界知名的科技园之一。其发展模式为"引进 - 消化 - 加工 - 出口"的高技术产品出口导向型。资金、技术和人才主要从外国引进，产品以外销为主。

三、中国高新技术产业开发区的发展成就

科技园在我国正式名称为"高新技术产业开发区"（简称"高新区"），是一种以智力资源为依托，以开发高技术和开拓新产业为目标，促进科研、教育与生产相结合，推动科学技术与经济、社会协调发展的创新——通过创造局部优化环境来实现高新技术成果的产业化和国际化。截止到目前，国家高新区总数已达 105 家。经过 20 多年的蓬勃发展，国家高新区已成为我国依靠科技进步和技术创新支撑经济社会发展、走中国特色自主创新道路的一面旗帜，成为我国高新技术产业发展的最主要的战略力量，成为引领科学发展、创新发展和可持续发展的战略先导。

第一，主要经济指标的发展状况。到 2012 年，国家级高新区拥有企业63926 家，是 10 年前的 1.95 倍，是 15 年前的 3.97 倍；从业人员 1269.5 万人，是 10 年前的 3.21 倍，是 15 年前的 6.91 倍，国家级高新区聚集了154.9 万人的中高级职称人员，在高新区从业人员中占比 12.2%，大专以上人员 646.83 万人，在高新区从业人员中占比 50.95%；实现总收入 165689.9亿元，是 10 年前的 7.91 倍，是 15 年前的 34.24 倍；工业总产值达到128603.9 亿元，是 10 年前的 7.45 倍，是 15 年前的 29.68 倍；上缴税额9580.5 亿元，是 10 年前的 9.68 倍，是 15 年前的 43.39 倍；出口创汇3760.4 亿美元，是 10 年前的 7.37 倍，是 15 年前的 44.08 倍。

1995～2012 年国家级高新区主要经济指标及增长情况见图 1 - 1～图 1 - 6。

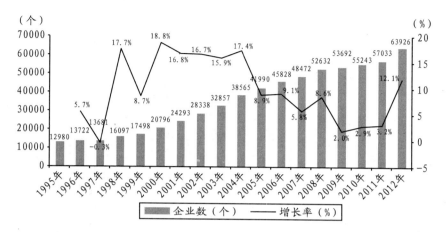

图 1 - 1　1995~2012 年国家级高新区企业数及增长

资料来源：科技部火炬高技术产业开发中心：《中国火炬统计年鉴》（2013）。

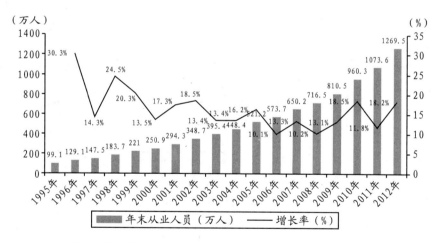

图 1 - 2　1995~2012 年国家级高新区从业人员数及增长

资料来源：科技部火炬高技术产业开发中心：《中国火炬统计年鉴》（2013）。

　　第二，人均经济指标进一步提升。2012 年，国家级高新区企业实现人均收入 130.52 万元（营业总收入/年平均从业人员）；人均工业总产值 101.30 万元；人均净利润 8.07 万元；人均上缴税费 7.55 万元；人均出口创汇 2.96 万美元。均远远高于全国平均水平。

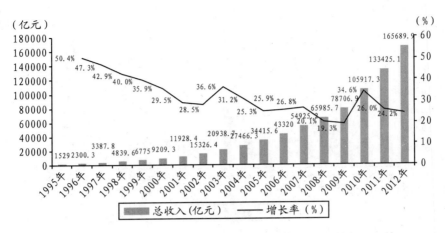

图1-3　1995~2012年国家级高新区总收入及增长

资料来源：科技部火炬高技术产业开发中心：《中国火炬统计年鉴》（2013）。

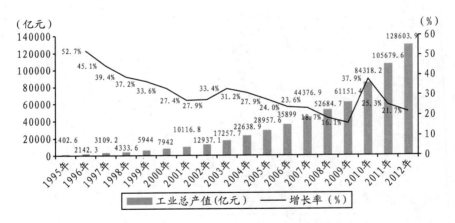

图1-4　1995~2012年国家级高新区工业总产值及增长

资料来源：科技部火炬高技术产业开发中心：《中国火炬统计年鉴》（2013）。

　　第三，一大批高新技术企业迅速崛起。1991年，国家级高新区年产值上亿元的企业只有7家，到2011年已增加到10371家，2012年增加到13126家，比2011年增长26.56%，占国家级高新区企业总数的20.53%，实现营业总收入155.74亿。区内企业经济效益远高于区外企业，一大批有创新能力和竞争力的高新技术企业正在国家高新区发展壮大（见图1-7）。百

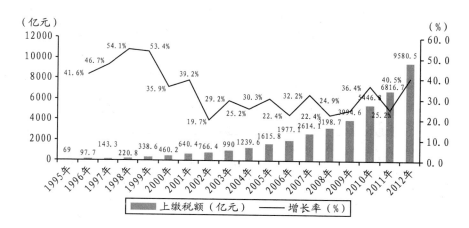

图 1-5　1995~2012 年国家级高新区工业上缴税额及增长

资料来源：科技部火炬高技术产业开发中心：《中国火炬统计年鉴》（2013）。

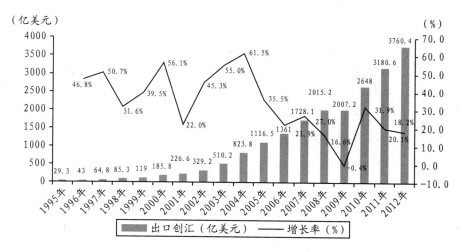

图 1-6　1995~2012 年国家级高新区工业出口创汇及增长

资料来源：科技部火炬高技术产业开发中心：《中国火炬统计年鉴》（2013）。

度、腾讯、阿里巴巴、华为、联想等已经成为国际知名的高新技术大企业。

第四，高新技术企业已成为我国科技产业研发的主体。2012 年，国家级高新区企业 R&D 经费支出为 2749.12 亿元，比 2011 年增加 21.16%；科技活动经费 4700.57 亿元，比 2011 年增加 16.01%；科技人员 223.62 万人，

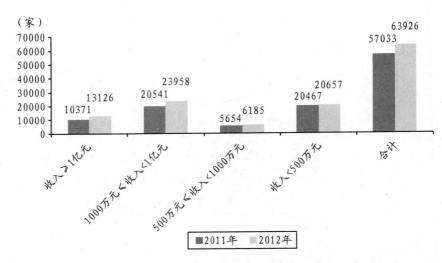

图 1-7　2011~2012 年国家级高新区企业数量按收入规模分布情况

资料来源：科技部火炬高技术产业开发中心：《中国火炬统计年鉴》（2013）。

比 2011 年增加 28.23%。2012 年国家级高新区企业 R&D 经费支出在全国所占的比重高达 26.69%。

第五，战略性新兴产业在高新技术企业中独占鳌头。2012 年，高新区企业工业总产值按技术领域分类的排序情况是：第一位，新材料领域，2012 年实现工业总产值 26130.04 亿元，占比 23.58%；第二位，光机电一体化，工业总产值 21962.32 亿元，占比 19.82%；第三位，新能源及高效节能技术，工业总产值 12008.04 亿元，占比 10.84%（见图 1-8）。

第六，高新区成为国家重要的高新技术产品出口基地，改善了我国出口产品结构。2012 年，国家级高新区企业出口创汇 3760.4 亿美元，是 10 年前的 7.37 倍，是 15 年前的 44.08 倍。2012 年高新技术企业出口高新技术产品 129410 种，创汇 3052.78 亿美元。出口创汇按出口国别排序，分别是：第一位，美国，2012 年出口创汇 861.70 亿美元，占比 28.23%；第二位，港澳台，出口创汇 393.94 亿美元，占比 12.90%；第三位，东南亚，出口创汇 393.03 亿美元，占比 12.87%（见图 1-9）。

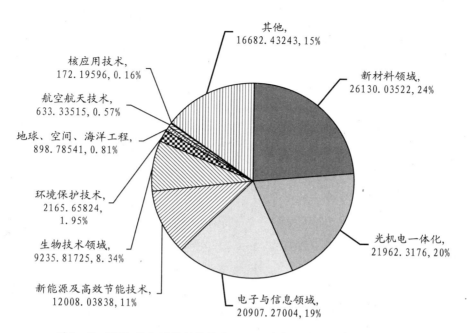

图1-8　2012年全国高新技术企业工业总产值（按技术领域分类）

资料来源：科技部火炬高技术产业开发中心：《中国火炬统计年鉴》（2013）。

第七，高新区对我国经济结构调整优化发挥了重要作用。在产业规模方面，2012年，我国国家级高新区工业总产值在全国工业总产值中占比为1.4%，全国高新技术企业工业总产值在全国工业总产值中占比2.5%。在产业结构方面，高新区通过强化技术创新，产业层次逐步提升，2012年新材料领域、光机电一体化、电子与信息领域、新能源及高效节能技术、生物技术领域、环境保护技术、地球、空间、海洋工程、航空航天技术、核应用技术九大技术领域实现的工业总产值在全国高新技术企业工业总产值中占比高达84.94%，充分体现了高新技术企业的"高、精、尖"特色及辐射带动作用。同时，高新区企业充分发挥人才、技术和市场经营优势，积极通过承包、租赁、兼并等多种方式盘活周边企业的存量资产，对区域经济发展特别是传统产业的改造起到了重要的提升作用。高新区经济实力的迅速增强，有力地促进了我国产业结构、产品结构和出口创汇结构的优化。

在发展中，高新区始终把健全创新体系、提高创新能力放在突出位置，

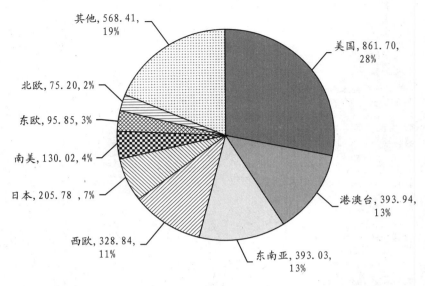

图 1-9　2012 年全国高新技术企业出口创汇（按出口国别分类）

资料来源：科技部火炬高技术产业开发中心：《中国火炬统计年鉴》（2013）。

围绕加速科技成果转化和产业化进行了积极探索，创造了许多创新形式，科技企业孵化器建设就是在高新区率先兴起的。到 2012 年，全国共有 1239 家科技企业孵化器，是 10 年前的 2.87 倍，是 15 年前的 16.09 倍。科技企业孵化器通过提供场地、中介、咨询、创业辅导等全方位的服务，吸引了大批科技人员到高新区创新创业。2012 年孵化企业 70217 家，孵化企业总收入达到 4958.3 亿元，分别是 10 年前的 2.57 倍、6.53 倍，是 15 年前的 2.57 倍、81.69 倍。一些孵化企业已成为上市公司。高新区作为创新创业的重要基地，加快了科技成果向现实生产力的转化，较好地解决了科技与经济结合难的矛盾，进一步丰富和完善了国家创新体系①。

---

① 本部分数据均引自科技部火炬高技术产业开发中心：《中国火炬统计年鉴》（2013）。

科技园建设的理论基础

科技园最早起源于美国，从 20 世纪 50 年代硅谷成立，迄今已有 60 多年的历史。硅谷是美国重要的电子工业基地，也是世界最为知名的电子工业集中地。硅谷作为开发高新技术产业的基地，有力推动了科技创新、科技成果转化和新经济的发展，加速了社会进步，受到世界各国的普遍重视。随着硅谷等世界著名的科技园的兴起，学术界也开始了科技园的广泛研究，出版了大量关于科技园研究的论文、著作等研究成果。本章在经济学及其流派和前人相关研究的基础上，进一步探讨科技园产生、发展的基本理论，试着构建科技园的基础理论框架。

一、科技园建设的基本理论探讨

（一）聚集经济理论

聚集经济（agglomeration economies）概念发端于 A. 韦伯的区位理论。韦伯在分析单个产业的区位分布时，首次使用了"聚集因素"（agglomerative factors)① 这一术语，并阐述了它在产业区位分布中所起的重要作用（We-ber，1929）。聚集经济基于人们对下列经济现象的观察，即经济活动在空间上呈现局部集中的特征。这种空间上的局部集中现象往往伴随着在分散状态下所没有的经济效率，即企业聚集而成的整体系统功能大于在分散状态下各企业所能实现的功能之和。我们把这种因众多企业的空间聚集而产生的额外好处，称为聚集经济。作为一种规模经济，聚集经济与古典经济学所讲的企业内部规模经济是不同的，因为后者发生于单个企业内部，而聚集经济则产生于不同企业在空间上一定规模的局部集中以及由此而形成的交互外部性（interactive externality）。因此，聚集经济是一种外部的规模经济，与单个企业内部的规模经济相对应。

继韦伯之后的经济学家，如罗煦（Losch，1954）、佛罗伦斯（P. Sargant Florence，1953）等人，进一步阐明了聚集经济的概念。佛罗伦斯（P. Sargant Florence，1953）提出了"并列聚集规模经济"（economies of juxtaposition economies）②。在这种聚集经济中，中小企业作为主导产业的外围各层的企业群体，每家企业本身虽然不具备规模，但能充分利用大型企业的"扩散效应"（the spreading effects）和"涓滴效应"（the trickling effects）③，因而能享受到外部规模经济。这种外部经济完全是因众多企业在局部空间上的聚集规模所带来的，因而属于聚集经济。如各种专业生产地的出现，就属于这种情形。

格斯贝茨与施姆兹勒（Gersbach & Schmutzler）通过模型探讨了存在产业外部与内部外溢效应条件下的生产与产品创新的地理分布，以及对产业聚集的影响。他们认为，递减的联系成本支持产业的聚集，同时也存在产品创新的多重均衡。产业群内企业的竞争与合作效果可以达到两阶段博弈的子博弈完美均衡，这通过美国硅谷的经验而得到证明。瓦尔兹（Walz，1996）的研究结果表明，地方的经济增长起因于产业部门的地理集中所表现的持久的

---

① Weber, Alfred. "*Theory of Locstion Industries*". Chicago: University of Chicago Press, 1929: 126 – 134

② P. Flortence, Sargant. "*The Logic of British and American Industry*". *A realisti analysis of economic structure and Government*. Routledge and Kegan Paul, 1953. First Edition. Rebound. 368pp.

③ P. Flortence, Sargant. "*The Logic of British and American Industry*". A realist analysis of economic structure and Government. Routledge and Kegan Paul, 1953. First Edition. Rebound. 368pp.

生产率增长，这同样与技术等要素的溢出效应密切相关。他认为，区域经济一体化会导致递增的生产与产品创新的区域集中。弗塞尔与伯格曼通过区域与产业簇群的概念，系统地阐述了形成聚集优势的理论基础：外部经济、创新环境、合作竞争与途径依赖等，并且还通过价值链与投入—产出途径来确定产业簇群的存在，通过区位系数、网络分析等对产业簇群进行分析。马丁探讨了存在聚集经济条件序列地位竞争的结果，他通过模型得出这样的结论：在存在聚集经济时，赢得第一次的区位竞争使得一个区域对后来的企业更具吸引力。

科技园首先是大量科技企业的聚集地，聚集经济是其最基本的经济理论。

（二）增长极理论

增长极理论是 1950 年由法国学者朗索瓦·帕鲁提出的，它最早强调的是投资在推动型工业中，通过与其有投入产出联系的工业而导致全面的工业增长。帕鲁在《经济空间：理论的应用》（1950 年）和《略论发展极的概念》（1955 年）等著述中[1]，阐述了增长极的思想。增长极是指在一个地区中围绕推动性的主导工业部门而组织的有活力的高度联合的一组工业，它不仅增长迅速，而且通过乘数效应，推动其他经济部门的增长。其中推动性单位是指某些主导部门和创新企业，一般具有三个特点：（1）相对来说，它是新兴的、技术水平比较高、具有较好发展前景的工业；（2）它的产品主要输往区外，面向全国以至世界市场，具有较高的需求收入弹性；（3）对其他产业有较强的驱动作用。这些创新企业是由新型企业家开创的，一般数量不多，但它们都是代表工业发展方向的尖端企业。这种新型企业家具有较丰富的技术知识和开拓应用新技术的能力，有冒险精神。区域经济的增长，首先是这类部门、这类企业的高速增长，然后波及到其他部门和企业。这种集中了主导部门和创新企业的工业中心，是区域发展的增长极。

推动区域经济发展的增长极一般具有两种效应，即集聚效应和扩散效

---

① Perroux, F. 1970. Note on the Concept of "Growth Poles". In McKee, L. D. et al. (eds.) *Regional Economics: Theory and Practice*. The Free Press, New York.

应。集聚效应又称极化效应，是指在增长极的极点上，主导部门和创新企业的建设，对周围地区产生一定的吸引力和向心力，周围地区的劳动力、原材料等资源，被吸引到极点上来；随之对外区也会产生一定的吸引力，外区的资金、人才、技术、产品甚至某些建设项目，也被吸引到极点上来。这两种吸引，形成大量的内外部投入，从而使极点的经济实力迅速扩大。这时，增长极就会具有一种自我增强的发展能力，不断地积累有利因素，为自己的进一步发展创造条件。当然，由于收益递减，任何一个极点的空间、环境和经济容量都是有限的，因而集聚到一定程度后，进一步集聚就会出现集聚不经济、减弱增长极的效应，使得扩散效应逐渐成为区域经济的首要问题。扩散效应是指增长极通过产品、资本、技术、人才、信息的流动，把经济动力与创新成果传导到广大的腹地，从而带动周围地区、整个区域甚至全国经济的发展。扩散效应一般表现为三种形式：辐射扩散（由极化中心向四周扩散）、等级扩散（按中心的级别层次由高向低逐级向外扩散）和跳跃扩散（不受等级层次限制而由高级中心直接向若干低层次中心的扩散）。集聚效应和扩散效应是相辅相成的，增长极发展初期，是增长极能量的积累阶段，集聚效应是主要的，是增长极形成的关键；当增长极发展到一定规模后，集聚效应逐渐削弱，扩散效应加强；再进一步发展，扩散效应就占主导地位，生产要素由极点向外围转移、渗透，这是增长极能量的释放。释放的强度，既取决于极点能量积累的状况，即主导部门和创新企业的规模、素质、水平，又取决于国家的区域政策、管理体制和极点的区域环境。

在区域经济崛起的今天，科技园日益成为区域经济的增长极，其增长极作用体现在两个方面：直接贡献和乘数效应。科技园对区域经济增长的直接贡献表现在它对区域经济增长量中比重的扩大。据统计资料，各地区、尤其是经济较发达的地区，科技园的经济产出在当地经济总量中的比重越来越大。传统的乘数效应认为科技园增加了直接投资，拉动了生产资料的消费；而产业关联度较高的新企业通过配套和协作需求，推动本地传统企业的发展以及新的辅助配套企业的产生，进而通过居民和劳动力的活动，间接地促进消费服务和零售贸易的扩张，最终实现区域经济的成倍增长。但与传统集中区域不同，现代的科技园内外企业之间的大量联系和所诱导的经济增长不仅建立在物流和资金流上，同时也建立在信息流和技术流上；现代科技园不仅是物质经济的增长源，而且是技术创新和创新扩散的源头，是区域创新网络的增长极。这是对传统增长极理论的深化（见图2-1）。

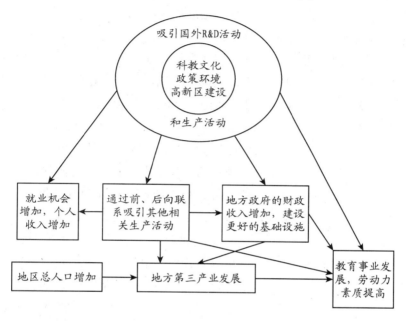

图2-1 科技园增长极作用示意

增长极理论揭示了在区域内投资建立或嵌入推动型产业之后，会形成集聚经济，通过乘数效应而带动其他产业的发展，从而使本区域经济得到迅速增长，并带动周围区域甚至全国经济增长的动态机理。这一理论可用来指导科技园的发展。科技园从诞生之日起，就承担着增长极的使命。高科技产业尤其是关键性的、起主导作用的信息技术产业、生物技术产业和新材料技术产业是推动型产业，它们具有共同的特点：市场扩展速度快、需求收入弹性系数高、关联度大、创新能力强、具有较强的市场竞争力、其产品能迅速辐射全国甚至国际市场等；而科技园所在地的某些著名大学、科研机构或者某些高技术企业则是科技产业的推动性单位。

（三）网络组织与区域创新网络理论

网络组织理论是当代西方微观经济学从 20 世纪 80 年代中后期以来逐渐形成并迅速发展起来的一个新领域，是近年来经济学家在分析经济全球化现象和区域创新现象时经常使用的理论。网络组织理论认为，网络组织是处理系统创新事宜时所需要的一种新的制度安排，是一种在其成员间建立有强弱不等的各种各样的联系纽带的组织集合。它比市场组织稳定，比层级组织灵活，是一种介于市场组织和企业层级组织之间的新的组织形式。

网络组织理论认为[①]，网络组织一般具有以下特点：（1）网络是一个开放系统，它向各种愿意与它联系的单位开放，以吸取外部有用资源并积极向外输出产品。（2）网络的本质是动态的，其基本功能在于交流及在交流中产生创新。（3）网络的特点是交流之源，交流使各个单元结成"网"，交流中产生"网"中新结点；结点密度越大，则互相交流的机会越多、越频繁；交流越频繁，则结点越多；结点越多，创新机遇越多，则创新能力越强。（4）网络中的流体是多样化的，可以是物质、信息、技术、人员、资金，也可以是情谊。情谊是产生信赖的基础，而信赖是合作创新的重要因素。（5）网络的交流是多层次、多渠道的。网络的这些特性，提供了比企业等级组织更为广阔的学习界面，使创新可以在多个层面上、多个环节中发生，且可以降低其成员之间的交易成本，使各成员都能同时获得外部规模经济性、外部范围经济性和网络经济性三种效应，从而使网络成为当前复杂多变的经济环境中蓬勃发展的新组织形式。

在现代创新理论中，创新过程分析的核心是公司联盟和战略活动以及公司、研究机构、大学和其他组织的交互作用。弗里曼（1987）引入国家创新系统概念，1992 年该理论得到伦德瓦尔（Lundvall）等人的进一步发展，他们认为创新是一种交互过程，同时也是一种社会过程，它的成功演化需要一种网络环境，这种环境主要表现是通过知识和产品链结合起来的独特公司组

---

① 详见：Bresson，C. and Amease（1996），Hakanson，H（1995），Hausler（1994）等学者的相关研究。

合。弗里曼引证并接受今井和马场（Imai and Baba，1991）[1] 的创新网络定义，认为创新网络是应付系统性创新的一种基本制度安排，网络构架的主要连结机制是企业间的创新合作关系。进而把"创新视野中的网络类型"[2] 分为，合资企业和研究公司、合作研发（R&D）协议、技术交流协议、由技术因素推动的直接投资、许可证协议、分包、生产分工和供应商网络、研究协会、政府资助的联合研究项目等类型。其中一些实际上是创新网络中的双边关系类型。目前，"创新网络"概念已得到广泛使用。

科技园就是一种区域创新网络组织。科技园的组建与发展过程，就是一个网络组织的形成和发展的过程。区域创新网络的形成应该是科技园发展成熟的最本质特征。因而科技园作为一种网络组织，必须致力于区域创新网络的培植，创造各种有利条件，推动园区内各企业主体扎根本地、相互结网以获得长期竞争优势；激活网络中各企业结点，促进结点之间的交流与联系，最终形成区域创新网络。

（四）地区创造性理论

企业家能力理论、地区创造性理论要解释的问题是：为什么有些区位，如硅谷、新竹的经济活力比其他区位经济活力强，它们具有哪些优势？能否通过公共政策创造条件以形成类似的经济活力区位？美国学者安德森1985年提出，创造性作为一种社会现象，最初在高度竞争性的地区出现——这些地区有具良好的内部和外部通信网络。他认为可以通过公共政策来创造条件，如创建科学园区。地区创造性也与城市的规模有关，因为较大城市能提供较多的服务和较大的聚集经济。

企业家能力理论和地区创造性理论来源于经济学家约瑟夫·熊彼特。熊彼特1934年就提出，"企业家是创造新的产品与服务结合体的关键"[3]。对熊彼特理论的现代应用，则是把企业家密度和企业家网络的扩展程度与经济增

---

[1]　Imai. K and Y. Baha. Systemic innovation and croo – border networks：Transcending markets and productivity, The Challenge for economic Policy. OECD, Paris, 1991.

[2]　Freeman, C. Networks of Innovators：A Sythesis of Research Issues, Research Policy, 1991. 2：499－514.

[3]　熊彼特.《经济发展理论》：1934. 中文版. 北京：商务印书馆2000年版.

长率联系起来。从这个观点出发，可以认为科技园由于创造了环境，培育了新公司，涌现出创新企业家，因此获得了社会和经济效益。科技园的发展分为"机构阶段"和"企业家阶段"。在机构阶段，科技园主要是吸引研究设施，增加服务和支撑工业，聚集大量科学家和工程师。在企业家阶段，科学家和工程师以个人名义或集体名义组建新公司。企业家能力理论十分强调科技园发展的"企业家阶段"。增加企业家密度的政策重点在于向有潜力的创业者提供技术援助、特殊培训以及启动资本。

（五）产业簇群理论

产业簇群（Industry cluster）指的是一种空间聚集现象。著名经济学家马歇尔早在 19 世纪末就提出了类似的概念，认为专门的工业会因为各种原因而集中于特定的地方。伴随着产业簇群在现代经济生活中越来越普遍，许多学者对产业簇群进行了大量的研究。哈佛商学院教授迈克尔·E·波特将其菱形理论与区位理论结合起来，提出了新竞争经济学的企业群落理论。波特认为，"'簇群'是位于某个地方，在特定领域获得不同寻常的竞争合作的公司和机构的集合。簇群既促进竞争又促进合作，竞争是为取胜和保留客户，合作则大多是垂直的，介于相关产业中的公司和本地机构之中。竞争与合作能够并存是因为它们发生在不同的领域，发生在不同的参与者身上。一个由相互独立而又非正式联盟的公司和机构组成的簇群，代表着一种富有活力的组织形式，具有效率、有效性和灵活性方面的优势"①。波特对簇群（Cluster）的定义是："位于某个地方、在某一特定领域内互相联系、在地理位置上集中的公司和机构的集合。簇群包括一群对竞争起重要作用的、相互联系的产业和实体"（Porter，1998）②。

20 世纪 90 年代初以来，伦德瓦尔、玛索和赫托格（B·A，Lundvall、

---

① Porter, M. E. "*Clusters and the new economics of competition*". Harvard Business Review, 1998, Nov – Dec.

② Porter, M. E. "*Clusters and the new economics of competition*". Harvard Business Review, 1998, Nov – Dec: 77 – 90

J. Marceau and Pim den Hertog）等人①对产业簇群理论进行了深入的研究，进一步发展了波特的国家竞争优势理论。下述簇群的定义得到众多研究者的公认："为了获取新的和互补的技术、从互补资产和利用知识的联盟中获得收益、加快学习过程、降低交易成本、克服（或构筑）市场壁垒、取得协作经济效益、分散创新风险，相互依赖性很强的企业（包括专业供应商）、生产机构（knowledge producing agents，包括大学、研究机构和工程设计公司）、中介机构（包括经纪人和咨询顾问）和客户通过增值链相互联系形成网络，这种网络就是群。"（J. A. Theo，Roelangt and Pim den Hertog，1998）。

组建群的主要动机是（Dunning，Porter，1998）②：（1）获得新的互补技术；（2）获取协同经济或者互助经济；（3）分散风险；（4）联合供应商和用户开展 R&D 活动，提高效率；（5）作为防御手段减少竞争；（6）通过使用互补资产和知识获得互惠；（7）加速学习进程；（8）降低交易成本；（9）克服市场进入壁垒。

按照几位研究人员的结论，过去联合的主要动机是降低交易成本、开发新技能和克服（或构筑）市场进入门槛（Dunning，1997）③。默伊特（Merit）研究显示，许多战略联盟的主要目标是获取新的互补性知识和加速学习过程。现在的趋势是公司已经转向在增值链内部和增值链之间寻求非内部化活动，转向在公司已有或者可以容易得到的资源和能力内寻求专业化竞争优势。邓宁（Dunning，1997）称之为核心能力集中的反应。④ 霍恩（Alex Hoen）从两个角度对群进行了分类：第一，按照分析的范围和层次，簇群的概念分为：微观层是指公司群，中间层和宏观层是指产业群。第二，群内实体间的关系是指创新链或者产品链。基于产品链的群是指形成产品链和增值链的公司和产业。

从空间来看，典型的簇群大多存在地理集聚的特征。大量实证研究显

---

① 详见 B·A，Lundvall（1992），J. Marceau（1997），Pim den Hertog（1999）等文献中对此问题的论述。
② Dunning, J. H. "*Alliance Capitalism and Global Business*". London：Routledge. 1997；and Porter, M. E. "*Clusters and the new economics of competition*". Harvard Business Review, 1998, Nov – Dec：77 – 90.
③ Dunning, J. H. "*Alliance Capitalism and Global Business*". London：Routledge. 1997.
④ Dunning, J. H. "*Alliance Capitalism and Global Business*". London：Routledge. 1997.

示，知识外溢通常具有一定的空间范围。簇群是基于地缘关系、产业技术链、同业交往等关系，在竞争和合作中共同获得竞争优势的特定领域的产业群体。地理上的群落是外在现象，内在的关系、交流、竞争与合作才是簇群的本质。簇群在整合力、竞争力、吸引力、影响力等方面又超乎市场和政府之上，显示出强大的功能。西方学者关于簇群的"创新相互依赖假设"反映了经济理论研究的螺旋式发展进程。佩涅德尔（Peneder，1998）[①] 和瓦尔塔（Warta，1998）[②] 关于簇群的假设认为，密集经济（例如经济活动的集聚）可以使得参加者提高经济技术效益（Hutschemeiter，1997）[③]。

知识溢出是造成集聚效益的主要动力之一，由于知识的应用具有很显著的规模经济，对这种规模经济利益的追逐会导致相关或相同的企业尤其是独立持续创新能力不强的中小企业的聚集。通过聚集，某一企业通过创新和开发所获得的包括产品生产的技术，产品的款式、花样等，以及产品的市场信息、产地的品牌、企业的管理方式等新知识，很大一部分外溢出去，成为整个企业群中的公共知识，称为"组织知识"。这些知识的溢出是企业空间距离的函数，只有在空间上聚集在"簇群"内部的企业才能获得这种组织知识，而一旦离开这个群体就会迅速丧失。企业选择或不选择加入到集群组织内显然取决于获取组织知识的边际收益与溢出知识的边际成本的比较。

科技园不是各类科技企业简单地在地理空间上集中，内在的联系与交流、竞争与合作才是簇群的本质。科技园要重视园内企业主体之间的关系，重视产业技术链的连接。

（六）空间扩散理论

扩散（diffusion）是创新进行空间传播或转移的过程。最早对扩散现象进行开创性研究并奠定了空间扩散理论基础的是被誉为第四代区位论大师的

① Peneder，M. "*Evolutionäre Ökonomie und Clusterbildung. Dargestellt am Beispiel Multimed*"，Wirtschaftspolitische Blätter，1998，（2–3），160–167.

② Warta，K.，"Multimedia ist vier Jahr alt"，Wirtschaftspolitische Blätter，1998，（2–3），153–159.

③ Hutschemeiter "Austria's Innovation System in an International Comparison – The Austrian Report on Technology 1997"，the Austrian Economic Quarterly，1997，3（3）.

瑞典隆德大学哈格斯特朗（T. Hagerstand）教授。之后，一大批美英区位论学者对之又作了深入研究。扩散理论认为，一项创新由于能够提高系统运行的效率和创造出更高的价值，或者能节约劳动和节约资本，或者提供系统的功能（质量）而创造新的市场，使在创新者与其周围的空间里产生"位势差"。为了消除这种差异，一种平衡力量就会促使创新者向外扩散和传播，或者周围地区为消除差异而进行学习、模仿和借鉴。扩散可以发生在人群之间、厂商之间、地区之间或企业与地区之间等，通常通过技术转让、信息交流、人才流动及国际贸易等方式加以实现。[①]

技术扩散按扩散过程中空间区位的变化特征分为三种类型：一是扩展扩散（expansions diffusion），即围绕创新起源点向周围地区扩散，在空间上表现为连续的扩展。它主要受距离因素的控制，邻近效应明显；二是等级扩散（hierarchic diffusion），即创新循着一定的等级序列扩散，如规模序列、文化层次、社会和经济地位、官职等级等，其决定因素为接受者的位势；三是位移扩散（relocation diffusion），即扩散接受者随时间产生非均衡的位移，它主要是由于移民或其他形式的人口流动引起的。

高技术的扩散可能主要是第二种，或三种类型的组合，在空间上的表现形式复杂多样。高技术产业包含研究与开发、生产制造、销售与服务三个部分。作为技术创新起源的研究与开发，主要与大学和研究机构的分布有关，因而科技人才密集分布区则决定了创新的区位。而在高技术创新的产业化过程中，往往由于人才、工资、用地、政策及寻找市场等原因，生产制造的部分过程或销售服务的分支机构便会向其他地方（特别是城市）扩散，从而形成新的产业区位。高技术扩散在不同的空间层次上表现出不同的方式。在微观尺度上，由于剧烈的市场竞争和企业对信息的完全依赖性，企业围绕高技术园区的空间聚集才能使企业立于有利区位。高技术公司之间的竞争是最激烈的，但越是如此，它们之间在区位空间上就越应该聚集在一起，具有很强的聚集效应。在宏观尺度上的高技术扩散，与创新源位势相差不大的可能最先接受，且接受者的空间分布不具有连续性，因此在宏观上将表现为以等级

---

① Hägerstand, T., 1967. "*Innovation Diffusion as a Spatial Process*". Chicago, IL: The University of Chicago Press.

扩散为主。

技术空间扩散是科技园形成的重要基础。罗杰斯（E. Rogers）在其《硅谷热》一书中专门论述了硅谷的影响和扩散。他说："硅谷的成功也促使高技术工业区在美国其他地方的扩散。这些新兴工业区的设计者们以硅谷为模式，连取名也步硅谷的后尘，为他们的工业区冠以'硅原'、'硅山'、'东部硅谷'之类的名称。这些新兴技术工业区的发展吸取了硅谷的成功经验。"[1]高技术及其产业的扩散具有明显的阶段性，科技园在扩散初期处于能量积蓄阶段，技术和产业的空间扩张很慢，而当积累到了一定规模之后则增长速度急剧加快。

（七）孵化器理论

孵化器理论又称为苗床理论，最早是关于新生产部门、新建企业在产生和发展的最初阶段所需要的地理人文条件的一种假说。根据这种假说，大城市中心是雏形生产部门或企业的最好孵化器，因为它们需要多种多样的聚集经济；"孵化器"本身的区位可能是周期性变化的，如选择在"阳光地带"，实现"国土创新综合体"的功能。

现代的孵化器已经不再是一个概念或假说，更多的是一种企业实体——孵化器有限公司。企业孵化器（Business Incubator）已发展成为一种特殊产业，一种风险投资加政策扶持的综合体。美国著名的孵化器专家拉尔卡卡（Rustam Lalkaka）认为："企业孵化器是一种为培植新生企业而设计的受控制的工作环境。在这种环境中，人们试图创造一些条件来训练、支持和发展一些成功的小企业家和盈利的企业。"[2]

企业孵化器不应仅是一幢或数幢孵化大楼及其办公服务。它与四种机构密切相关：一是快速增长的科技企业；二是处于变化中的成熟企业；三是跨国公司的地区总部；四是研究机构。大都市往往就是天然的孵化器，大城市的一些社区，往往具有满足小企业创建和发展的条件。

---

① 罗杰斯等：《硅谷热》，中国友谊出版社1986年版。
② Lalkaka，R，"*Technology Business Incubators：Critical Determinants of Success*"，*Annals of New York Academy of Sciences*，Vol. 798，New York.

科技园是以高技能的劳动力和大量研究与开发活动的聚集为特征的，按照孵化器理论，科技园应是孵化器的最佳选址。新创办的中小型企业往往存在计划脱离实际、资金短缺、创业者缺乏经营管理知识和经验、市场开拓能力有限等问题，其存活率普遍不高。一般来讲，新创办的普通中小型企业3年存活率为50%，5年存活率为20%，而新创办的中小型科技企业3年存活率仅为30%。因而要发展高新技术产业，就必须大力扶持新创办的中小型科技企业，通过有组织地、适时地供给其"孵化"期所需的"营养"，提高它们的存活率。同时，孵化出的小企业由于同出"一窝"，具有"亲情"，容易进行交流合作、信息共享和相互支持，从而进一步促使中小型科技企业的大量繁衍。而能够实现这样一种功能的制度性安排，最适宜的就是科技园。从某种意义上说，科技园其实是一个扩大了的科技企业孵化器。

遵循科技企业的成长规律，一般将其划分为种子期、初创期、成长期和扩张期四个阶段。科技园应对其采取四级孵化模式：（1）项目孵化。孵化的对象主要是科研成果及其研发人员；目标是使科技成果企业化，生成新的小型科技企业即项目公司。科技成果企业化是其商品化的前期，甚至处在中试阶段。这一阶段是科技企业的种子期，项目孵化一般在科技企业孵化器中进行，通过对孵化项目前景的准确把握、注入种子资金、提供最优惠扶持政策，使创业者顺利度过成果转化的关口①。（2）企业孵化。孵化的对象是已注册的中小型科技企业及其经营者，目标是培育成功的中小型科技企业和科技型企业家。这一阶段是企业的初创期，普遍面临资金、成本、产品质量、技术成熟度及市场创新等问题。孵化器要为它们提供必要的发展空间和市场、财务、法律、管理等的培训和咨询服务，帮助其获得风险投资和政策资金的支持，使企业成功发育，企业家顺利成长。（3）自我孵化。孵化毕业的科技企业一般就地入驻科技园，进入自我成长期。通过科技园提供的良好环境、优惠政策和投融资服务，依据其核心技术优势，在竞争中实现快速发展。（4）跨国孵化。孵化的对象主要是为开拓国际市场、寻求国外合作伙伴的国内科技企业（如归国留学人员企业）和希望进入中国市场、寻求中国合

---

①　吴神赋：《芬兰创业种子公司的运营机制》，载于《中国高新技术产业导报》，1997年12月31日。

作伙伴的外国中小型科技企业。目标是使国内企业实现跨国经营和国际化发展，引入国外尚未产业化的科技成果。跨国孵化一般在留学生创业园、国际企业孵化器及其海外孵化基地进行。

（八）三元参与理论

三元参与理论是在 1993 年 6 月的国际科学园协会第 9 届世界大会上提出来的。这一理论认为，科技园是科技、高等教育、经济和社会发展的必然产物，是在大学科技界、工商企业界和政府三方相互结合下产生的，并且在三方的共同参与和积极推动下得到发展。科技产业是建立在高强度的研究开发活动基础上的，科技与经济全方位、深层次结合、一体化发展的产业，是技术、人才、资金等高度密集的新兴产业。只有当相关学科进行交叉、相关产业进行融合、相关机构进行合作，以及供产销相关的企业发挥协同效应时，才能得以真正发展。

一般来说，大学和科技界主要以培训人才和取得科研成果为目标；企业以追求利润、维持生存和持续发展为目标；政府以政治稳定、经济和社会发展为目标。三方的目标既有长期的一致性，也有中期的差异性和近期的矛盾性。把三方的目标变成统一的政策、协调的行动，是科技园发展的关键。科技园为大学科技界、工商企业界和政府三方结合提供了一种很好的形式。政府是园区内外环境创立者和园区组织机制启动者；大学与科技界是高技术和高素质人才之源；企业是科研资金提供者和新兴市场开拓者；三方在共同利益基础上进行强有力的协作，开发新兴产业，促进经济发展，增强综合国力，这就是三元参与理论的基本点。在这里，大学和科技界通过与企业的结合，实现了科研成果的商品化，获得了应有的经济利益，补充了办学和科研经费，同时培养出适应经济竞争和社会发展需要的人才；企业则从大学和科技界获得了技术和人才资源，提高了核心竞争力，增加了利润，扩大了规模；政府则通过支持或直接参与组建科技工业园，为大学和科技界同企业的合作创造了一个良好的环境，促进了创新要素的有效配置，获得区域经济发展、就业人数增加、综合国力增强的良好效果。

三元参与理论要求大学改变过去按部就班培养人才的模式，采取在创业和开发中培养人才的新模式；要求科技界根据市场需求导向进行科学研究，使不同类型的科学研究互相交叉，与产业接轨，为企业解困；要求企业界在大学和科技界中寻找新型的合作伙伴、共同开发、共同创业、并加强自身的研究能力；要求政府加强专业服务和政策导向。这样，大学科技界、工商企业界和政府的行动就得以统一和协调，科技园就得以蓬勃发展。

（九）制度因素与非制度因素理论

制度经济学早已成为西方经济学的一个重要流派。它们强调制度特别是经济制度、企业制度对经济增长的重要性。诺思在《制度、制度变迁和经济绩效》中，将制度分为正式制度和非正式制度，并进一步将正式制度区分为官方法律制度和民间制度两个不同的组成部分（诺思，1994）[①]。

其实，最大、最早的制度经济学家应该是出生于1818年的卡尔·马克思。他毕生研究着生产力与生产关系、经济基础与上层建筑之间的矛盾运动，揭示了人类从原始社会——奴隶社会——封建社会——资本主义社会——社会主义社会到共产主义社会的制度变迁的内在规律。在《资本论》第一卷第一版序言中："我的观点是：社会经济形态的发展是一种自然历史过程"[②]；"大体说来，亚细亚的、古代的、封建的和现代资产阶级的生产方式可以看作是社会经济形态演进的几个时代"[③]。马克思还在《政治经济学批判》序言中写道："社会的物质生产力发展到一定阶段，便同它们一直在其中活动的现存生产关系或财产关系（这只是生产关系的法律用语）发生矛盾。于是这些关系便由生产力的发展形式变成生产力的桎梏。"[④] 他和恩格斯在1848年发表的《共产党宣言》中指出："资产阶级在它不到一百年的阶级统治中所创造的生产力，比过去一切世代创造的全部生产力还要多，还要大——过去哪一个世纪能够料想到有这样的生产力潜伏在社会劳动里呢？"并接着说："一句话，封建的所有制关系就不再适应已经发展的生产力了。

---

① D. 诺思：《制度、制度变迁与经济绩效》，上海三联书店1994年版，第2～17页。
② 《马克思恩格斯选集》第二卷，人民出版社1972年版。
③ 《马克思恩格斯选集》第二卷，人民出版社1972年版。
④ 《马克思恩格斯选集》第二卷，人民出版社1972年版。

这种关系已经在阻碍生产而不是在促进生产了。它变成了束缚生产的桎梏。它必须被打破，而且果然被打破了。起而代之的是自由竞争以及与自由竞争相适应的社会制度和政治制度、资产阶级的经济统治和政治统治。"① 马克思高度评价股份制、公司制等经济制度的创新对资本主义经济增长的巨大贡献。他所确立的"生产关系"、"上层建筑"两个重要范畴其实包含着西方经济学家们所讨论的一切制度和非制度因素。并认为，它们对"生产力"和"经济基础"有着显著的反作用力。

诺思《西方世界的兴起》就指出，由于创建了更有效率的经济组织制度和更完备的财产保护法律，西方世界在 18 世纪率先取得了经济的迅速增长②。内森·罗森堡和 L. E. 小伯泽尔《西方致富之路》认为，西方致富的主要原因在于非经济因素和制度性因素：政府角色的转换和企业组织制度的创新对经济发展起着重大作用；革新和创造则是经济发展的要素③。

吴敬琏在研究我国高新技术产业发展问题时有一个结论：发展高新技术产业，必须以有利于技术创新的体制为前提。没有一个创新的体制，不管有多少技术人员和技术发明，高新技术产业也是不能迅速发展起来的。他还进一步分析："高技术产业的最主要的特点在于：在诸种生产要素中，人力资本对高技术产业的发展起决定性的作用。因此，要使高技术产业更好更快地发展，必须全力以赴，为创造性的充分发挥人力资本，建立必要的组织制度和其他社会文化条件"④。

美国加州大学伯克莱分校教授萨克森尼在《地域优势：硅谷与 128 公路地区的文化与竞争》中比较了硅谷与波士顿 128 公路地区的发展：尽管同是美国主要高新技术产业基地；两者开发相近的技术；在同一市场上从事经营活动；波士顿 128 号公路附近也有世界知名的哈佛大学和麻省理工学院。但前者却蒸蒸日上，后者曾经一度衰落。萨克森尼对造成两者发展差异的经济文化因素作了深刻的比较分析，指出根本原因在于它们的制度安排和文化氛

① 《马克思恩格斯选集》第一卷，人民出版社 1972 年版。
② D. 诺思：《西方世界的兴起》，华夏出版社 1999 年版。
③ 内森·罗森堡、L. E. 小伯泽尔：《西方致富之路》，三联书店（香港）有限公司 1989 年版。
④ 吴敬琏：《发展中国高新技术产业：制度重于技术》，中国发展出版社 2002 年版。

围的巨大差异：人们往往都没有意识到，硅谷那种合作与竞争的不寻常组合与其他要素共同构成的制度环境给他们带来的成就（Saxenian，1994）①。正是硅谷的区域文化优势成就了硅谷企业的迅猛发展。

从非正式制度的角度看，硅谷文化广泛包容性及其"推崇创业、宽容失败、鼓励冒险"的社会观念能够极大地激发人们的创新精神，从而为硅谷企业注入了强大的活力。美国《商业周刊》曾将"恰当的硅谷文化"归结为美国硅谷的四大成功要素之一，并将这种文化概括为：鼓励冒险、宽容失败、勇于创新和不断进取。美国最新畅销书 The curious culture in silicon valley（《硅谷的奇异文化》）也把"对冒险的渴望"列为最重要的硅谷精神。硅谷精神被誉为硅谷之魂。

要仿照硅谷的有形因素是容易的，但要仿照硅谷的无形因素，难度要大得多。这些因素包括鼓励冒险和宽容失败的传统；以购买股权为中心凝聚在一起的流动人才库；激励上至高层管理者，下到普通编程者在内的每个人的独创精神。由此可以看出，硅谷的精神或文化是独特的，它是硅谷成功的内在决定因素。美国的学者在总结硅谷经验时指出："硅谷的精神难以仿效。"萨克森尼教授说："仅仅拥有硅谷的基本因素并不意味着就能创造出该地区具有的那种活力"②。

剑桥地区的传统文化也是剑桥科技园迄今远远落后于硅谷的根本原因之一。

以经济思想史研究著称的北京师范大学唐任伍教授认为："华人经济发展在观念上的缺陷是，华人经济中还欠缺投资高科技的风险意识"。文化观念影响着人们的经济行为，"虽然华人经济拥有极高的储蓄率和巨大的私人资本市场，但并不存在一个成熟的科技投资和风险投资市场……华人的高科技投资只是一种零星的个别的偶然的投资行为"③。

文化观念同样也影响着制度创新，"在企业结构上，华人家族企业的所

---

①　Saxenian, A. "*Regional Advantage: Culture and Competition in Silicon Valley and Route 128*". Harvard University Press: Cambridge, MA, 1994.

②　Saxenian, A. "*Regional Advantage: Culture and Competition in Silicon Valley and Route 128*". Harvard University Press: Cambridge, MA, 1994.

③　唐任伍：《世界经济大趋势研究》，北京师范大学出版社 2001 年版，第 109 页。

有权和管理经营权合一，常常不利于吸纳科技成分。科学技术是一种能动的相对独立的生产力，并不是资本的附庸。科技人员在高科技企业中的作用比在一般企业中重要得多，他们的工作对企业的成败常常具有决定性影响。因此，企业结构如果不反映高科技企业应有特征，科技人员的创造性和积极性就得不到充分发挥"①。

但是，他认为，儒家文化还是有它的许多优点，有顽强的生命力。所以，需要促进儒家文化与新科技、新经济的结合，并以儒家思想作灵魂主导，形成有中国特色的华人自己的儒家创业文化。

二、科技园的基本功能

近 30 年来，随着高新技术产业的迅速发展，世界许多国家和地区都相继把建设科技园作为促进科技与工业结合，增强综合国力和未来国际竞争力的重要举措。科技园作为一种创新的社会组织形式，从整体上看，它主要发挥着聚集、孵化、扩散、示范、渗透和波及等多种功能。

（一）聚集和波及功能与效应

所谓"聚集效应"，是指科技园能够创造有利条件，将科技产业发展所需要的人力、财力、信息及组织资源在区域内相互吸引和集聚，经过优化组合，形成高新技术产业发展的要素条件，成为区域增长极。波及功能也可称为回波效应，科技园产生的巨大社会效应，反过来又会使其本身的集聚功能进一步加强，从而促进科技园的进一步发展，形成良性循环。

高新技术产业区位除了受原料产地、销售市场和中间运输的影响外，还要受到规模利益和聚集利益的约束。高技术和创新活动体现了一种集聚和集中的倾向。技术的高密度信息特性需要面对面的交流。理想的场所应该具备下列五个条件：一是高级别的起点；二是多领域的学科和文化活动；三是便利的内外交通通信设施；四是大众需求的广泛分享；五是协作发展的条件。而科技园正是这样一个高度优化的场所（区位优化、政策优化、环境优化、

---

① 唐任伍：《世界经济大趋势研究》，北京师范大学出版社 2001 年版，第 109 页。

投资条件优化等）。科技园一般设置在城市内，具备一般工业区的基础设施和人文条件，它既可提供交通、能源、给排水等服务，又可提供科研力量、技术工人、商业服务、销售市场、金融服务、信息咨询等条件。科技园作为一个高智力密集区，大学和科研机构相对集中，有利于科学思想和科技成果的交流，有利于研究和开发的协作以及实验室、图书、情报、信息设施等资源的共享。如同一所综合性大学一样，科技园产生这种聚集效应，可以提升科技研究开发能力。科技园具有强大的吸纳功能，能够在比较短的时间内吸纳和聚集大量的研发机构、科技人员和技术公司等，并使之有机地结合起来而产生巨大的经济能量。对应用面广的、辐射作用大的高技术，如微电子、电脑和网络，在应用过程中会不断开辟新的需求和产业，发展新的技术和产品，在其周围汇聚大批相关企业。当高技术产业群达到临界数量，在一个地区就会形成产业集群，形成高技术产业区（带）。产业集群是相关产业在一个地区的集中和联系。这种集中需要特定的地理、资源、政策和人文条件。产业聚群一方面带来企业的相互竞争和人员的流动，推动企业管理和技术水平的提升；另一方面带来集中的市场和顾客群。产业聚群还带动上下游供应和销售产业，带动相关服务业的发展，使得生产和销售成本降低，售后服务增强，带来更多的顾客和利润。产业聚群还会使企业员工流动出来成立新的效率更高的小企业，形成专业化程度更高、分工更细的新的企业。产业聚群的竞争力大于单个产业相加的竞争力，从而会产生资金、技术和人才等资源向产业群落地区集中。产业聚群会建立不同企业之间因同学、同乡、旧同事、同一协会成员、参与同一社区活动、相互持股等关系而形成新的人际关系，促进产业间信息快速流通，增加相互合作和协同的机会。

除斯坦福研究园、剑桥科学园等少数科技园是在综合研究能力极强的大学基础上建立起来的以外，多数科技园一般是基于若干所大学和研究机构联合组成。法兰西岛科学城集中了法国60%的大学和43%的科研机构，共有3万多名科研人员和8000多家高技术公司。在科学城中进行着电子、生物技术、新材料、机器人、办公室自动化、医药、食品、交通和能源等高技术的研究开发。日本筑波科学城集中了46所日本国立科学教育机构，占全国这类机构总数的30%，其专业人员约占总数的40%，年度科研经费约占总数的 50% 。韩国大德研究园集中了忠南大学、忠南经商专科大学、产业技术大学、科学技术大学 4 所大学和韩国科学技术院、韩国电子技术研究所等 20 多个科研机构（其中包括 10 多个国立科研院所），从而为它们的横向协作奠定了基础。园区内众多的国立和民间企业的科研机构大量聚集，研究范围涉及造船、卫星、生物工程、核能等尖端领域，发展趋势日益加强。

科技园虽然是一个特殊的地理区域，但它具有促进研究、开发、生产三者相结合，科技经济一体化的运行机制。企业、大学、研究机构是"产、学、研"一体化的三大主体要素，大学是培养人才和进行科研活动的中心；研究机构是从事技术研究和新产品开发的基地；高技术企业是科技成果产业化的主体。它们本身具有较强的聚集效应，即大学、研究机构和高技术公司聚集越多，大学、研究机构和企业之间互动关系就越密切，其作用就越大，反过来又会促进三者的进一步聚集。在三者载体之上的科技人员，聚集越多，其作用也越大，地位就会越高，反过来又会促进科技人才的聚集。科技园作为"产、学、研"结合的一种制度安排，能使大学、研究机构的高智能、高技术人才和科研成果与高技术企业的生产资料、管理营销结合起来，实现科技与经济的紧密结合，达到技术密集、知识密集、人才密集、信息密集、资金密集和服务密集。这就可以解释为什么美国硅谷 101 公路和波士顿 128 公路沿线聚集了越来越多的研究开发机构、高技术公司和科技人才，成为世界上名副其实的高技术及其产业发展的策源地。

（二）孵化功能与效应

孵化功能主要体现在对高新技术成果的孵化和对高新技术企业的孵化两个方面。科技园的孵化器（又称创业服务中心）能够为高新技术成果的生产开发和市场开发提供良好的生长环境，推动其成长和壮大。

微观而言，科技园是高技术中小公司和企业家的孵化器和摇篮。许多科技园就设有孵化器或创业中心，企业孵化器是一种为培育新生企业而设计的、受控制的工作环境。该环境的特点是企业尤其是高技术企业的大量聚集和新企业的快速成长。在这个环境中，人们试图创造一些条件来训练、支持和发展一些成功的小企业家、盈利的企业和风险投资家。孵化器是科技园内培育高技术企业的起点，一旦在孵化器度过了成果商品化阶段，就可以在科技园里进行二次孵化或大规模生产。可以认为，孵化器使高技术企业从无到有，科技园使高技术企业从小到大。孵化器也是创业者成长的摇篮，孵化器在企业家创业过程中能够起到如下作用：一是节省时间。一般一个小企业从入驻孵化器到开始正常运转，只需要 10 天左右的时间。二是少走弯路，富有经验的孵化器管理人员及有关专家的咨询服务，可使企业家做出正确的选择。三是创业者聚集效应。创业者可以更方便地交流经验和信息，甚至结成合作伙伴。四是加速发展，提高创业的成功率。孵化器还是风险投资的沃土。现在许多风险投资机构都介入了孵化器产业。风险投资机构可以独立地参与组建孵化器，也可以与孵化器进行多种形式的合作。孵化器作为科技创业的专门服务机构，把风险投资引入到科研人员的创业过程中。科技人员在孵化器帮助下的创业过程主要表现为高技术企业的初创期、发展期和扩张期。而风险投资的种子资本、创业资本和发展资本的投入覆盖了科技人员的创业全过程。同时，孵化器可以为风险投资家的风险投资降低风险。孵化器或创业中心是科技园的发动机，是把科研成果转化为商品，把发明构想转变为现实，把创业宏图变为科技公司的地方。如美国硅谷的"创意实验室"（Idealab）、奥斯汀高技术区的"奥斯汀技术孵化器"以及中国高新区的创业园或创业中心等。

就宏观而言，科技园是高技术产业区或高技术产业带的孵化器和摇篮。过去认为，大都市是天然的孵化器，对科技、经济和社会的发展起着至关重要的孵化作用。科技园作为都市要素高度浓缩和集约的区域，对高技术产业发展的孵化作用更加直接明显。

（三）扩散和渗透功能与效应

扩散功能表现为科技园内的人才、技术、产品、信息、组织等资源集聚后，与区域外产生势差，区内的高新技术产业便沿着这种势差向区域外扩散；同时，区内的技术、信息、组织等要素不断向传统产业以及社会各个领域和部门渗透，从而带动传统产业的更新换代，形成渗透效应。高技术产业是一项风险大、产品生命周期短的行业。而高技术小公司投资少、见效快，是发展高技术产业的重要力量。科技园具备高技术产业发展的生态环境和运行机制,很多科研人员利用自己的科研成果在科技园开办公司,使科研成果迅速产业化。在美国斯坦福研究园,由半导体晶体管发明人肖克利成立的半导体公司,就有效地利用了园区的技术资源、创业精神和投资环境,从而使该公司获得了迅速发展。后来该公司裂变为40多家半导体公司,包括发明集成电路的仙童公司以及脱胎于仙童公司的当代世界最大的微处理器生产者——英特尔公司。英国在过去的社会风气中,存在着一种明显轻视科技成果产品化和商品化的倾向,结果造成了其在科学研究方面占优势但在技术生产上却处于劣势。为了医治这种多年形成的"英国病",英国政府采取了很多措施,其中最能代表社会风气转变的是"剑桥现象"。具有几百年学术研究传统的剑桥大学,终于出现了与经济紧密结合的技术研究开发现象。剑桥大学三一学院创办的剑桥科学园,聚集了许多电子、计算机软件、生物工程等高技术企业。剑桥科学园的企业可以应用剑桥大学的科研成果,可以聘请剑桥大学的教授到企业指导或兼职,为高技术企业创造了很好的研究、开发和生产的环境。

(四) 示范功能与效应

示范功能是指产生于科技园内的先进管理体制、组织和分配制度、经营理念、创新观念以及高新技术及其产品的高额市场回报,成为社会其他企业和机构革新和仿效的榜样。

高技术及其产业对地区经济发展的作用主要表现在两个方面:一是高技术产业具有高产值、高利润、高增长率的特点,能大量增加就业机会,是新的经济增长点,对地区经济有着直接的促进作用。部分生产要素由传统产业向高技术产业转移,成为地区经济发展的一种趋势。二是高技术产业对传统产业具有改造作用。这种改造的方式是多种多样的,有的进行功能替代,如工程塑料替代部分钢材:用作汽车壳体的碳纤维增强塑料的比重只有钢的1/5,而其强度和弹性模量则分别为钢的7倍和3~4倍;有的增加智能控制,如20世纪80年代美国对制造业进行了一次大规模的技术改造,被称为"电子心脏移植"。科技园周边地区的传统产业,往往最先受益于高技术产业。如麻省理工学院所在的波士顿地区的制鞋业，20 世纪 70 年代以前还是手工缝制，每只鞋要花二三百道工序。随着用计算机实现制鞋工业的自动化后，鞋的产量激增，使波士顿地区生产的鞋占领了美国一半的销售市场。

图 2-2 反映了科技园基本功能的逻辑顺序。集聚功能作为科技园的总输入功能，首先产生孵化功能；孵化功能的输出作为扩散功能的输入；扩散功能的输出作为渗透功能的输入；集聚、孵化、扩散、渗透功能的输出作为示范功能的输入；受孵化、扩散、渗透功能的作用产生波及功能；由上述基本功能的综合，产生科技园总功能输出。

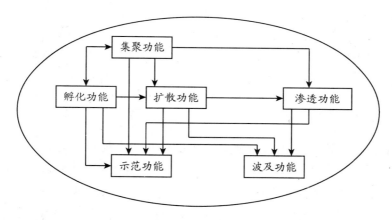

图 2-2　科技园基本功能示意

三、中国高新技术产业开发区功能定位

（一）高新技术

"高新技术"（New & High Technology）是"高技术"（High – Tech）和"新技术"（New – Tech）的融合概念。美国《韦氏大学辞典（第十版）》解释：所谓高技术即科学的技术（Scientific Technology），涉及生产和使用先进的（Advanced）或精密的（Sophisticated）仪器设备。美国众议院的《科学技术决策工作词汇汇编》认为，高技术是指比其他技术具有更高科学输入的某些技术创新。日本则把高技术表述为高级尖端技术。目前，国际上对高技术比较权威的定义是：高技术是建立在现代自然科学理论和最新的工艺技术基础上，处于当代科学技术前沿，能够为当代社会带来巨大经济、社会和环境效益的知识密集、技术密集技术。"新技术"在经合组织的概念中，基本是指原创性技术。我国对新技术的定义是：新型技术、创新的成熟技术和专用技术、专利技术和本国本地区没有的技术。

根据国情，我国"高新技术"的含义指：高新技术相对一般的传统技术而言，是一种新兴的、尖端的技术，是当代科学、技术和工业的最前沿，是知识高度密集、学科高度综合、能带来高经济效益、高增值作用，并能向经济、军事和社会各个领域广泛渗透、对经济和社会发展产生重大和深远影响的新兴技术。国家重点支持的高新技术领域包括 11 个技术领域：电子信息技术、生物与新医药技术、航空航天技术、新材料技术、高技术服务业、新能源及节能技术、资源与环境技术、高新技术改造传统产业①。

（二）高新技术产业

对高新技术产业的定义可从多个角度进行：一是全行业的研究开发强度，即研究开发支出占其年销售额的比例。二是科学家与工程师等工程技术人员占其就业人数的比例。英国人邓宁和皮尔士研究认为，开发强度超过2.8%者即为高技术产业，1.1%～2.8%为中技术产业，低于1.1%者为低技术产业。在行业就业人员中科学家和工程师等工程技术人员所占的比例，美国学者马克森认为，凡工程师、工程技术人员、计算机科学家、生命科学家和数学家的比例超过制造工业平均水平的产业，就该确定为高技术产业。美国的 D. 戴曼斯叔（D. Dimancesu）在《高技术》杂志上指出："对高技术企业的定义，主要依据两大特点：一是专业技术人员比例高；二是销售收入中用于研究与开发的投资比例高。"这两大特点反映的共同之处在于知识密集。

我国采纳了上述两项指标，但对比例作了现实调整，同时还增加了高新技术收入占总收入的比例指标。这三项指标集中反映在国家科委公布的《高新技术企业认定管理办法》（2008 年 4 月）中。

---

① 见《关于印发〈高新技术企业认定管理办法〉的通知》，国科发火〔2008〕172 号文件。

（三）高新技术企业

高新技术企业是指：在《国家重点支持的高新技术领域》①内，持续进行研究开发与技术成果转化，形成企业核心自主知识产权，并以此为基础开展经营活动，在中国境内（不包括港、澳、台地区）注册一年以上的居民企业。依据《高新技术企业认定管理办法》，高新技术企业认定须同时满足以下条件：

（1）在中国境内（不含港、澳、台地区）注册的企业，近三年内通过自主研发、受让、受赠、并购等方式，或通过5年以上的独占许可方式，对其主要产品（服务）的核心技术拥有自主知识产权。

（2）产品（服务）属于《国家重点支持的高新技术领域》规定的范围。

（3）具有大学专科以上学历的科技人员占企业当年职工总数的30%以上，其中研发人员占企业当年职工总数的10%以上。

（4）企业为获得科学技术（不包括人文、社会科学）新知识，创造性运用科学技术新知识，或实质性改进技术、产品（服务）而持续进行了研究开发活动，且近三个会计年度的研究开发费用总额占销售收入总额的比例符合如下要求：

①最近一年销售收入小于5000万元的企业，比例不低于6%；

②最近一年销售收入在5000万元至20000万元的企业，比例不低于4%；

③最近一年销售收入在20000万元以上的企业，比例不低于3%。

其中，企业在中国境内发生的研究开发费用总额占全部研究开发费用总额的比例不低于60%。企业注册成立时间不足三年的，按实际经营年限计算。

（5）高新技术产品（服务）收入占企业当年总收入的60%以上。

（6）企业研究开发组织管理水平、科技成果转化能力、自主知识产权数量、销售与总资产成长性等指标符合《高新技术企业认定管理工作指引》

---

①　见《关于印发〈高新技术企业认定管理办法〉的通知》，国科发火〔2008〕172号文件。

（国科发火〔2008〕362 号）的要求。

（四） 高新技术产业开发区

建设国家级高新区，是我国改革开放的重要创举。笔者认为，建设国家级高新区，是我国改革开放 30 多年来取得巨大成就的三大根本驱动要素之一①。国家级高新区在经济技术层面解决了当时经济、社会发展的燃眉之急，一方面抓住了以信息技术为特征的人类第三次工业革命的历史机遇，发展新经济，吸纳和培育了大批新生代劳动力，推动产业结构调整升级跟上世界经济步伐。另一方面弥补了大量传统企业倒闭形成的职工下岗、财力拮据问题，保障经济社会的改革转型得以平稳过渡。

我国的高新技术产业开发区是改革开放的深化和社会主义市场经济发展的产物，是以智力密集和开放环境条件为依托，主要依靠我国科技实力和工业基础，利用一切可能的外资和国外先进技术，面向国内外市场，创造局部优化环境，最大限度地把高新技术成果转化为生产力，建立和发展我国高新技术产业的开发区域。其主要任务是吸引、分流我国科技人才进入经济建设主战场，促使我国的高新技术成果尽快实现产业化和国际化，加快我国高新技术产业的形成，促进传统产业的改造，推动科技、经济和社会的改革，解放和发展科技第一生产力。

（五） 高新技术产业开发区的功能

高新技术产业开发区的功能是：发展高新技术产业的基地、向传统产业扩散高新技术的辐射源、对外开放的窗口、深化改革的试验区、科技与经济密切结合的示范区、体现社会主义现代文明的新城区、培养和造就高新技术企业家的学校。

以上可见，我国从国情出发，首先将国外"高技术"概念扩展为"高新技术"概念，并由此对"科技产业"相关概念作出一系列明确界定，如

---

① 另外两个驱动要素，一是《公司法》颁布，在制度、法律层面明确了个人拥有生产资料的合法性，极大解放了生产力，激发民间创业的热潮；二是中国加入 WTO，在市场化层面实现了与国际接轨，融入世界经济体系。

"高新技术企业"、"高新技术产业"、"高新技术产业开发区"等；简称"高新技术企业"、"高新产业"、"高新区"；或统称"科技企业"、"科技产业"、"科技开发区"。这对国家制定政策、统一管理具有十分重要的意义。

科技园基本类型及创建方式的国际比较

一、科技园基本类型国际比较

有学者认为，科技园是一种规划建设的科学—工业综合体，其任务是研究开发和生产科技产品，促进科技成果转化。他们认为，应该把面积广大的高技术地带（如占地450平方公里的硅谷和上百公里长的128公路沿线）与单幢建筑物的孵化器排除在科技园之外。他们认为，高技术地带是科技园以及大量独立的高技术小公司在地理上集聚而成的高技术集中区域，在国际上通常称为高技术综合体，但高技术地带是自然或自发形成的。孵化器建筑虽然是规划建设的，但它一般不是科学—工业综合体，它主要的功能是为经过选择的新建企业提供低息租赁的房屋、办公设备和劳务，帮助新建企业获取技术、资金和信息，评审、修订经营计划，组织培训交流，以利于新建企业在短期内成熟和具有独立的经营能力。

科技园有规划形成和自然形成两种。事实上，世界上存在着一些原来就具有高技术工业基础的高技术活动区域，它们多是在第二次世界大战期间及20世纪五六十年代军事电子工业基础上逐步发展起来的。如美国的硅谷和128公路地区、加拿大的北"硅谷"、英国苏格兰"硅谷"等。北京的中关村在建科技园以前就已有一些技术公司的集聚。有的学者认为，这些自发形成的高技术活动区域在规划和正式建立科技园之前都不应该称为科技园。他们把科技园按功能分为三种类型，即科学园、技术城和高技术加工区，见表3－1。

表3－1 世界高技术园区的基本类型

类型	渊源	功能	诱因	区位
技术城	田园城市设想	产、学、居结合，扎根于技术和城市建设	追求理想的城市形式把田园的宽裕带给城市；把城市的活力带给田园；创造性的"技术立国"；20世纪80年代产业结构设想	有美丽自然风光的地区，建设新城和机场
科学园	工业区	研究与开发为主，加强大学与工业的合作	工业郊区化；现代交通工具发达，道路功能发达；科研成果产品化	城市郊区、高速公路两侧、大学附近
高技术加工区	出口加工区	加工高新技术产品	生产国际化，标准化；生产寻找廉价劳动力的区位；发展中国家、地区和新兴工业化国家和地区发展经济的需要	有空港、海港和廉价劳动力的区位

也有学者根据科技园的性质和功能，将其分为两种基本类型：一是以开展基础研究为主的科技园，如俄罗斯新西伯利亚科技城、日本筑波科技城、德国海德堡基因研究中心等；二是以发展高技术及其产业为主的科技园，如美国的斯坦福大学研究园及硅谷、128公路、北卡三角研究园、英国的剑桥科学园、苏格兰"硅谷"、法国的法兰西岛科学城、中国台湾的新竹科学工业园等。

本研究认为，世界科技园可细分为以下几种基本类型。

第一是企业孵化器。孵化器原来是指人工孵卵的器具，一般用电子设备保持一定的温度，可以在任意季节孵出幼稚。在此借用来形象表述将科技成果转化成商品的一种手段，是培育创新型、技术密集型小企业的组织形式。

它规模小，一般由孵化场地、多种服务设施以及行政、经济管理人员组成。企业孵化器，又称为技术创新中心、技术服务中心、创业中心等。

20世纪70年代以来，欧美一些国家为了弥补科技园的不足，又进行了新尝试——创办企业孵化器。科技园的主要功能是在大学和企业之间建立联系，沟通技术转移和交流的渠道。尽管它吸引了大量的新建企业，但不是专门为这些小企业服务的，它主要是吸引已经站住脚的高技术公司。而孵化器正好可以弥补这些缺陷：它的目的就是培养和扶持创新型、技术密集型的新建高技术小公司，通过提供整套服务设施和管理咨询，使其失败率降到最低限度，并且培养一大批科技型企业家。企业孵化器也源于美国。曾经是美国第一批工业城市之一的纽约州特洛伊城，随着传统工业的衰退，城市经济生活急剧下滑。位于该城的伦塞勒综合工学院，在斯坦福研究园及硅谷的启示下，于20世纪70年代初推行了一项"培育箱计划"，扶植一批基础力量薄弱的高技术公司，取得了成功。1981年，伦塞勒综合工学院在其附近开辟了1200公顷土地，创建了伦塞勒技术园，1982年将技术园易名为"工业创新中心"。由此，企业孵化器便在美国兴起。此后，孵化器蔓延到欧洲和亚洲。由于各国的情况不同，孵化器在各国有不同的名称，如"企业创新中心"、"企业培育中心"、"苗圃"、"技术孵化器"、"企业创造中心"、"革新中心"、"高技术服务中心"等等。孵化器的成功模式已被联合国开发署向20多个发展中国家和地区进行了推广。孵化器一般都设在重点大学和研究机构附近，由高校、有关企业和政府给予资助，对新技术进行试制、工艺设计和小批量生产，然后向企业部门转让商品化的技术和工艺流程。它通常都是吸收和孵化起点较好的中小企业，对其提供技术服务和咨询，并对未来产品的市场前景进行评估。经过一段时间的培育，待其成熟能形成产业时则毕业离开孵化器。孵化器为那些从科研机构、大专院校和大企业分离出来的科研人员自己办企业创造了良好条件。孵化器在小企业特别是高技术小企业的形成和发展中，起到了重要作用，根据美国企业孵化器协会的统计，凡未经孵化的小企业，50%在创办的头5年倒闭；而经过孵化器孵化的小企业，80%能生存下来并得到发展，成功率大大提高。在孵化器诞生前的20年内，美国每年平均新增0.9万家企业；在孵化器诞生后的5年内，年平均新增7.4万家企业。

第二是科学园。科学园一般是以大学为核心，通过土地房屋出租等方式吸引企业进入，从事研发和中试，促进企业与大学、研究机构的结合，集科学研究、技术开发和知识普及于一体的区域，是科技园的基本形式。如美国斯坦福研究园、英国剑桥科学园和艾思顿科学园。

美国北卡罗来纳大学的鲁格和古尔德斯坦在 1987 年和 1988 年的两篇论文中，对科学园的概念作了界定："科学园，技术园或研究园，是一种实业园（Business Park）。园内主要企业的基本活动是研究产品开发，而不是制造、销售或其他实业功能。园内从事研究与开发活动的，主要是高水平的科学家和工程师。这种定义的科学园有别于产业化集聚区域，如波士顿 128 公路地区，文献称之为高技术综合体。科学园与技术中心也不相同，技术中心主要目的是在大学和其他研究机构中协调技术开发和技术转移。科学园也不包括孵化器，除非占据孵化器建筑的机构主要从事研究与开发活动。"从上面的定义来看，科学园的主要活动是研究和开发，目的在于加强大学、研究机构与工业的合作和联系，使科研成果商业化。所以，一般来讲，世界上的科学园都建立在大学、研究机构比较密集的地方。科学园一般通过大学、政府或其他公共或私人机构，在大学内或附近辟出或征购部分土地，然后将其出租给高技术公司。在一个科学园中一般有 20～50 个承租公司，多的可达近百个。科学园是目前世界上最广泛的科技园形式，被越来越多的国家和地区当作调整经济结构、加快产业升级和培植新经济增长点的重要手段。世界上第一个科学园应是 1951 年美国建立的斯坦福研究园，而北京中关村则是中国科学园的典型代表。20 世纪 70 年代后期，科学园开始在全世界推广，80 年代中期达到高峰，到 1990 年，美国、英国、日本、德国、法国等 9 个最发达国家就建立了 220 个科学园，其中 189 个是在大学直接参与下发展起来的。

还有一些专业性的科学园，如原联邦德国海德堡基因研究中心、苏联普希诺生物科学研究中心等。海德堡基因研究中心于 1982 年成立，占地 1.2 公顷，内设海德堡大学分子生物中心和欧洲分子生物学实验室，还有几家遗传工程公司。大部分遗传工程公司的创办人是海德堡大学或临近的研究机构培养出来的，有的还是这些大学或科研单位的科学家。普希诺生物科学研究中心建于 20 世纪 60 年代初，位于莫斯科近郊，其研究领域包括分子生物学、细胞生物学、生物合成蛋白、光合作用、遗传工程、微生物以及其他现代生物分支科学。值得注意的是，在科学园的建立和发展中，大学的主要领导人起着关键的作用。可以说，没有斯坦福大学电子工程学院院长弗兰德里克·特曼教授的创意和支持，就不会有斯坦福科学园。

第三是技术城。技术城是产、学、研、住结合在一起的，以地区城市为母城，按全新构想建设的与母城形成整体联系的新兴城市。如日本熊本技术城、法国里尔技术城和意大利瓦兰扎诺技术城等。

技术城的概念源于日本。20 世纪 80 年代初，日本通商产业省设厂选址公害局工业重新布局科科长高桥达直首先使用了这个词汇。根据日本通商产业省设厂选址公害局于 1980 年 7 月公布的《技术城设想要点》，技术城是指在大约 2000 公顷的土地上，平衡发展产（尖端技术产业）、学（研究机构）、住（居住区）而形成的城镇①。早在 20 世纪 50 年代日本经济高速增长时，就曾经制定了《新产业城市建设促进法》。到了 90 年代，日本又把"技术城"作为信息时代"新产业城市"的设想而提出来。日本"90 年代技术城建设设想研究委员会"委员长石井威望提出，技术城是把产（集成电路及电子计算机等尖端技术产业）、学（工科大学及民间中央研究所等研究设施）、住（建设舒适的城镇）各功能有机结合起来的新型城镇②。技术城的建设要对产业区、教育区、住宅区、服务区等有全面规划。

技术城的产业发展主要有三种方式：一是改造原有企业；二是吸引外地大型企业在技术城建立小型企业；三是大学和大企业共同培植新企业。技术城一方面以高技术为发展支柱；另一方面以地方为开发主体，充分发挥地方的积极性，以最少的投资、最佳的途径实现整个地区向高技术新型城市转化，为城市落后地区的发展提供了新途径。

第四是科学工业园。科学工业园是开发者将已经完成基础设施建设的

---

① ［日］平松守彦：《技术密集城市探索》，上海译文出版社 1987 年版。
② 魏心镇、王缉慈：《新的产业空间——高技术产业开发区的发展和布局》，北京大学出版社 1993 年版。

"熟地"租售给科研机构和高技术公司，从而使园区产出科研成果和高技术产品。如法国的格勒诺布尔科学工业园和韩国大德研究园等。

第二次世界大战后，发达国家普遍采用工业园区的空间组织形式。通过有目的的规划而建设一定区位环境，以吸引新工业投资，缓解工业对中心城市的压力和对环境的保护。一方面，城市内居住区与工业区混杂造成社会和环境问题促使工业向郊区发展；另一方面，现代交通工具和道路功能使工业园区的建设成为可能。现代化的大型装配生产线需要大面积的平坦土地，使工业园区在市郊的高速公路旁迅速发展起来，它和市郊的购物超市被看作是解决现代都市问题的一对孪生子。早期工业园区的厂房出租，模仿多功能商场摩尔（MALL），建立了工业摩尔，进入园区的新公司可以低价租用。美国波士顿128公路修建之初，开发公司规划建设了公路旁的工业园，正好吸引了巨大的高技术综合体，并向495号公路发展。高速公路旁的工业园为这些新开设的高技术公司提供了充足的空间[①]。

与孵化器相比较，科学工业园的规模较大，占地一般从几平方公里到几十平方公里；孵化器产出的是成熟的高技术中小企业，科学工业园则使整个园区研究—开发—生产形成一体化，产出科研成果和高技术产品。

第五是科学城。科学城是一个国家和地区为提高本国或地区的科技水平而营建的，以高技术产业为主体，将科研、教学、生产、管理、社会服务和居住设施有机结合为一体的新型城市，是科研机构、大学、人才的集结地和多学科的综合性科学中心。科学城和技术城的不同之处在于科学城比技术城有更大国家目标、更高知识密集和更多人才储备。科学城的人为意识比较明显，它往往是通过国家意志把科研机构进行集结。科学城在建设初期是科研机构和大学的聚集地，主要从事基础研究和应用研究，而后发展为将科研、教学、生产、社会管理与服务结合为一体的新型城市，如苏联的新西伯利亚科学城、日本的筑波科学城、法国的索菲亚·安蒂波利斯科学城、意大利的诺·奥尔蒂尤斯技术城、西班牙的卡图贾科学城、新加坡科学城等。

科学城的建设，对一个国家和地区的科技发展具有重要的战略意义，一

---

① P. Hall, A. Markusen, Silicon Landscapes, Boston：Allen & Unwin, 1985, p. 23.

一般由中央政府主办。它必须以雄厚的经济实力和科技实力为基础，且有一个比较长的过程，见效比较慢。因此，在建设科学城时需要充分考虑财力。

第六是高新技术产品出口加工区。高新技术产品出口加工区是世界出口加工区的发展，特点是：（1）所建立的工业主要是高新技术工业，对劳动密集型工业基本上采取限制态度。（2）发展主要是依靠人才与知识，而不是依赖廉价劳动力；（3）所依托的是高等学府和科研机构，而不是自然资源和地理位置；（4）对于东道国的科技进步和产业升级具有重要意义。如中国台湾新竹科学园区、新加坡肯特岗科学园区、英国苏格兰"硅谷"以及我国部分高新区等。

第七是高新技术产业带。高新技术产业带，是自发或半自发形成的高新技术企业及科研机构的大规模集结地，具有研究、开发、生产、销售、服务的全部功能，集科研、生产、销售、金融、培训、展览、中介等机构于一体的地带。它可能是一个较大规模的科技园与周边相关企业、机构组成的有机体，也可能是若干科技园连成的空间带。如美国的硅谷、128公路地区、英国的 M4 号公路、加拿大的"北硅谷"等。

以上七种形式的科技园存在一定的包容关系。孵化器是最基础的一级，是科技园的组成部分：如我国和英国几乎所有的科技园都包含有孵化器。科学园也是科学工业园、高新技术产业带、科学城、技术城的组成部分：如硅谷包含了斯坦福研究园；128公路地区汇集了众多的研究园；剑桥高技术区也包含了剑桥科学园。孵化器专为技术密集型的新建小企业提供健康的孵化环境，而科技园则吸引成熟的高新技术企业。科学园与企业没有业务关系，只有厂房、场地的租借关系，企业一般不享受办公服务。

这几种形式的侧重点不同：孵化器的产出是成熟的高新技术企业；科学园和科技城的产出是高新技术产品和科技成果；高新技术产品出口加工区的产出是以出口为主的高新技术产品；而技术城则以研究、生产和服务为主，目的在于振兴地方经济。相比之下，孵化器规模最小，投资最少，开办容易，见效也快；科学工业园与高新技术产品出口加工区以外资为主要资金来源；技术城的规模最大，它充分利用地方的原有基础，以最少的投资实现该地区向新型城市转化。几种形式虽然各有差异，但也有共性。它们都是高新技术及其产业的生长点；科技企业及其企业家的催生地；加速科技成果向生产力转化的有效途径；促进产业转型升级的重要手段。

究竟采用何种类型，是由一个国家和地区的具体条件和周围环境决定的。如高新技术产品出口加工区，一般为发展中国家和地区所采用，因为这样的模式适于在一个比较落后的地区充分利用外国资金和技术，较快建立起高新技术产业。科学城则由于耗资巨大、短期内不能取得明显效益，只有实力较为雄厚的国家才有能力建设。

二、科技园创建方式的国际比较

由于各国和地区在社会制度、文化传统、经济水平上存在差异，其科技园的创建方式不尽相同。影响科技园创建方式的因素很多，从不同的角度去研究，可以有不同的分类。

概括起来，世界主要科技园有以下几种创建方式：（1）从发展优势的角度，分为优势主导型、优势导入型和综合发展型；（2）从形成过程看，分为自发型、政府计划型和混生型；（3）从投资主体的角度来看，分为政府投资型、民间投资型和混合投资型；（4）从管理来划分，有政府管理型、学校或民间非营利机构管理型和政府、大学、企业联合机构管理型；（5）从导向设计来划分，有外向型、内向型以及双向型；（6）从专业学科角度，分为专业型、多学科综合型；（7）从形成缘由，分为内生型和扩展型（见表3-2）。所谓内生型，主要由当地大学、科研机构分离出来的高新技术企业就近形成的群落。例如，美国的斯坦福大学和麻省理工学院就是推动硅谷和128公路地区高新技术产业带形成的原动力；北京大学、清华大学和中国科学院等是中关村国家自主创新示范区形成的原动力。所谓扩展型，是指区内高新技术产业发展到一定阶段后出现了用地、劳动力和环境等问题而促使该区高新技术企业外移。例如，日本九州"硅岛"的形成即得益于20世纪60年代兴建机场，改善技术环境和出台优惠政策，70年代招揽了大量日本本土和美国集成电路生产大公司，成为世界集成电路生产最密集的地区之一。

表 3-2　　　　　　　　　　　世界科技园创建方式分类

划分依据	类型		
发展优势	优势主导型	优势导入型	优势综合型
形成过程	自发型	政府计划型	混生型
投资主体	政府投资型	民间投资型	混投型
管理体制	政府管理型	民间管理型	混合管理型
经济导向	外向型	内向型	双向型
专业学科	专业型	多学科综合型	
形成缘由	内生型	扩展型	

以上前四种划分方法具有一定的内在联系，而且前两者对后两者具有相当的决定性，它们比较准确地反映了世界各国和地区创建科技园的着眼点和发展战略。

（一）科技园创建方式从发展优势划分比较

1. 优势主导方式

这种方式都见于发达国家，是以一个地区具有的特色优势包括工业技术优势、学科专业优势、智力人才优势、地理位置优势、投资环境优势、资源优势和市场优势等为主导来谋求发展。该创建方式的特点是：扬长避短，重点倾斜，注重实力。如美国 I—270 高技术走廊所依托的是几个联邦政府及其生物和信息技术研究机构，发展成以生物技术和信息技术为主的科学园区；犹他大学研究园即"仿生谷"依托的是犹他大学一流医学研究优势。此外，德国不伦瑞克生物科学园、法国梅斯 2000 科技园、中国台湾新竹科学工业园、中国深圳高新技术产业园区和北京中关村国家自主创新示范区等都属此类。

2. 优势导入方式

这种方式源于该地区优势不突出，科技、工业技术基础薄弱；或原有传统产业失去优势，面临困境而改弦易辙，以创造条件谋取未来的竞争优势。该创建方式的特点是：因势利导，借人之长，补己之短，从而带动本地区的科技进步和经济发展。如法国索菲亚·安第波利斯科学城原来是一个旅游胜地，原有的科技、工业技术基础几乎是空白，除一所普通的尼斯大学外，无其他科研机构和企业。科学城的创业者积极创造条件，在城内创办孵化器和新型研究机构，经过多方努力，科学城吸引了上千家研究机构和公司，其中60%是外国的。该科学城已从过去的以旅游、建筑业为主的地区发展成蓬勃发展的高技术地区。日本九州"硅岛"原是面临困境的煤矿，故改弦易辙，积极创造条件，才发展为高技术园区的。此外，美国的"东部硅谷"、英国苏格兰"硅谷"均属此类发展模式。

3. 优势综合方式

这种方式是综合利用本地区的多种优势——资源优势、科技优势、产业优势、学科优势、人才优势、环境优势等发展起来的，并且投资少，见效快。如法国法兰西岛科学城、美国费城科学城和128公路、英国的M4号公路走廊、日本的技术城等属于此种创建方式。

（二）科技园创建方式从形成过程划分比较

1. 市场主导方式

属于这类创建方式的科技园比较少，而且基本在发达国家或地区。此类科技园都属于先发型，其所在地综合优势明显，学术力量特别强，且存在着与工业界有广泛联系的研究型大学；所在国家和地区的宏观环境较好，市场体制较完善，商业气氛较浓，法制较健全，金融服务体系较完备。美国硅谷和128公路地区就属于此类。此类创建方式的科技园资源配置灵活，市场竞争力强，充满活力；缺点是缺乏统一规划，资源不够集中，容易产生外部不经济问题。

2. 政府主导方式

属于这类创建方式的科技园比较多，而且基本集中于发展中国家和地区。此类科技园都属于后发型，其所在地综合优势不明显，条件不充分，因而需要政府推动。如日本筑波科技城、中国台湾新竹科学工业园区、新加坡肯岗科学园区以及印度班加罗尔软件技术园区，都是由政府或当局进行统一规划、建设和投资的，有的甚至连研究课题都是由政府直接下达的。加拿大政府对"北硅谷"的市政规划和行政管理作了合理的安排，将高新技术企业建在首都渥太华周围，促使高新技术产业集聚区的形成。有的科技园主要由地方政府来筹建，如日本的技术城、美国北卡三角研究园等。我国的高新区都属于这类创建方式，地方政府在各自高新区的规划与建设中发挥了主导作用。这类创建方式的科技园具有集中统一、规划性强、权威性高的特点；但也有缺乏灵活性和创造性、活力不够的缺点，甚至可能造成资源浪费。

3. 混生方式

属于这类创建方式的科技园比较多，主要集中于欧美发达国家或地区，特别在西欧大部分科技园属于这种类型。此类科技园既发挥了政府的作用，同时也发挥了民间和市场的作用，把市场力量与政府力量有机结合起来。采用这种创建方式要求有较好的外部发展条件。这类创建方式的科技园既具有政府主导型的集中统一、权威性高、规划性强的特点，又有市场主导型的灵活性、创造性和活力、竞争力强的特点，一般效果较好。

科技园管理体制的国际比较

一、世界科技园管理体制比较

（一）世界科技园管理体制概述

在世界科技园的发展过程中，出现了多种各具特色的管理体制，除了成立较早的硅谷和128公路之外，其他都是在一定政府或组织的管理下进行的。概括来说，世界科技园管理体制主要采取了政府机构管理、民间组织（如基金会、协会）管理、专门公司管理、大学管理以及政府加大学、企业的联合机构管理（即"官、产、学"共管）等形式。

1. 政府管理型

这是指由政府设立专门的园区管理机构以便直接进行全权管理的体制。基本上由政府操办科技园的一切事宜，实行"单一窗口"的一站式管理和一条龙服务。该管理体制的最高决策机构是中央或地方政府组织设立的专门机构，该管理模式主要适用于发展中国家和地区兴办的科技园。我国台湾新竹科学工业园区就是由台湾科学工业园区指导委员会和管理局共同负责园区的行政管理，提供园区各项服务；新加坡肯特岗科学园由新加坡科学理事会负责行政管理，并指导科学园的研究和开发工作，土地拥有者裕廊镇管理局则负责园区的基础设施建设；我国中关村国家自主创新示范区、深圳高新技术产业园区也属于这种管理体制。该管理体制包括三个层次，以深圳为例：一是决策层。以市长为组长，市科技局、计划局、经济发展局、国土规划局等十几个部门负责人组成深圳市高新技术产业园区领导小组。二是管理层。深圳市高新技术产业园区领导小组办公室，包括综合处、计划处和监督协调处，具体负责园区的行政管理事务。三是服务层。深圳市高新技术产业园区服务中心（属服务性事业机构），负责园区的开发建设和日常服务工作。

2. 大学管理型

这是指由大学设立专门机构并提供人员对大学科技园或孵化器来进行管理。例如，英国剑桥科学园由剑桥大学圣三一学院领导，设两组专职人员进行管理。美国斯坦福研究园由斯坦福大学管理，其管理的重点在出租土地上，设有专管土地的部门——土地管理局。这种管理模式，消除了来自政府的一些不必要的行政干预，实行自主管理，发展的自由度较大，对中小型投资者有较大的吸引力。但是，没有政府的参与和支持，科技园的权威性和协调性就会受到影响，资金保障也会面临一定的问题。

3. 公司管理型

这是指由各方组成的董事会领导，由经理负责管理的企业体制。即以非盈利性的公司作为科技园的开发者和管理者，负责区内的基础设施开发建设、经营区内的各项业务、管理区内的经济活动以及提供区内企业所需要的各种服务。通常的做法是把科技园作为一个独立经营管理的公司，且多数是国有企业或合营企业。该公司不属于政府机构，而是一个拥有独立法人地位和权利的经济实体。一般由政府控制的董事会或理事会来领导，董事会由政府、大学、企业以及当地有关人士组成，负责有关科技园发展的重大决策，一般不干预区内各机构的具体业务。园区的日常管理和经营业务由公司经理层负责，经理层必须执行董事会制定的大政方针。这种公司形式的管理机构，既能得到政府及有关部门的大力支持和资助，又能受到上级和有关部门的支持和监督。英国绝大多数的科学园、美国的孵化器、德国的技术创业者中心（孵化器）、澳大利亚的科学园、印度的科学园都采用公司管理型。我国上海漕河泾等高新区也属此类。

4. 基金会（协会）管理型

这是一种由政府、企业、银行、大学和其他机构分担义务，共同承担管理职能的综合管理体制。如美国北卡罗来纳三角研究园由三角研究基金会管理；法国法兰西岛科学城由科学城协会管理。国外一些规模较大的科学工业园、科学城和技术城一般都采用此种管理体制。这种管理体制具有适合科技园发展的几个特点。首先，体现了利益与风险分摊的原则，对于投资大、风险高的科技园，这是非常重要的。其次，以资金管理牵头，带动行政管理和技术管理，使管理权力和利益风险挂钩，使责权利三者得到统一。最后，这种体制间接地体现了政府的影响。在许多发达国家和地区，习惯上不由政府直接参与管理，而是由政府通过出资施加自己的影响，引导科技园的发展。

（二）世界科技园管理体制剖析

科技园的管理体制可以分为一元和多元管理体制。一元管理体制包括政府管理型和大学管理型。多元管理体制是由多方参与管理的体制，它分为由各方组成的董事会领导下的公司管理型和由各方组成的基金会（协会）管理型两种。

1. 管理机构的层次

上述几种管理体制基本上都包含有三个层次：最高决策机构、具体管理执行机构和服务机构（见图4-1）。政府管理型最高决策机构是由中央政府有关部门联合组成，如理事会、领导小组、指导委员会等，其成员绝大多数

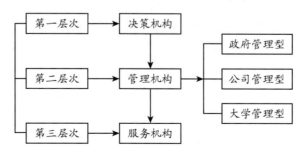

图4-1　科技园管理层次示意

为兼职人员，许多是有名望或有权威的人士，他们定期开会，决定重大问题。完全由政府或大学管理的科技园，其最高决策机构常常是由议会或校董事会承担；管理执行机构是由中央政府设立的专门行政机构；而服务机构一般以公司或事业单位的形式出现。多元管理型科技园的最高决策机构则是由多方成员组成的董事会、基金会、协会；管理机构为公司、基金会、协会的专项职能部门。此外，科技园的管理执行机构几乎都有专家咨询小组（委员会）辅佐①。

2. 管理职能范围

管理职能范围的一种极端做法是只进行房地产开发及管理，另一极端做法是实行统管包办的"小政府"。后者除基本建设外，还负责园区一切行政事务，如工商、税务、工会甚至签发护照。多数科技园的管理职能是介于上述两者之间的，主要包括：制定和实施科技园发展规划；从事基础设施开发建设；筹集风险资金；创办孵化器；负责入园机构（企业）的甄选、登记和管理；组织银企协、官产学的交流与合作；举办技术培训和进行技术咨询；加速科技成果向商品的转化；对园内的活动做出限制等等。

3. 管理体制比较分析

一元政府管理型体制拥有资金保障，风险由政府承担，政府意志较强，有利于协调各方面关系和宏观调控，具有权威性、集中性和统一性的特点。但工作效率和资金效益低下，缺乏灵活性，不利于激发活力。多元参与管理体制的最高决策机构和实施机构对区内的企业、研究机构、大学的具体业务不予干预，但又能体现政府对园区的影响和引导（通过出资、政策、法规和派出董事会代表等）。这种体制以资金管理牵头，带动行政管理和科技管理，使管理权力和利益风险挂钩，既有利于各方作用的充分发挥，也便于各方关系的协调，能较好地把政府行为和市场力量结合起来。世界多数科技园采用这种管理体制（见表4-1）。

---

① 吴神赋：《芬兰创业种子公司的运营机制》，载于《中国高新技术产业导报》1997年12月31日。

表4-1   科技园主要管理模式比较

管理模式	政府管理型	大学管理型	公司管理型	基金会管理型
主管机构	政府设立专门的园区管理机构	大学或科研机构设立的专门机构	各方组成的董事会	各方共同承担管理职能
主要管理内容	行政管理，园区服务	出租土地	科技园发展的重大决策	具体指导和管理园区建设
特征	政府操办科技园的一切事宜	消除了不必要的行政干预，实行自主管理，发展自由度较大；科技园的权威性和协调性不够，资金保障不够	既能得到政府及有关部门的大力支持和资助，同时又受到上级和有关部门的领导和监督	利益与风险分摊；责权利三者得到统一；间接地体现了政府的影响
适用范围	发展中国家和地区兴办的科技园	大学科技园或孵化器	英国的科学园、美国的孵化器、德国的技术创业者中心、澳大利亚的科学园、印度的科学园	规模较大的科学工业园、科学城和技术城

通过对世界科技园各类管理体制的比较分析，可得出以下结论。

第一，不同的管理模式适用于科技园发展的不同阶段。一般来说，欧美发达国家的科技园基本上采用多元管理体制，发挥市场本身的作用较多，政府的作用相对较小，像美国硅谷和128公路地区两个高新技术密集区至今都没有一个统一的管理机构。因为这些国家属于先进国家，市场经济比较发达，法制比较健全，即外部大环境比较好。而发展中国家和地区（甚至包括日本）基本上采用单一的政府管理型体制，政府在科技园建设中的作用非常大。如中国台湾的新竹科学工业园、以及我国国内绝大多数科技园等。这既是后进国家或地区赶超战略的需要，也是自发条件不够——市场发育不完善、法制不健全、外部环境比较差等因素使然。在科技园的创建初期，欧美国家主要采用民间管理形式，政府仅从政策、法规上进行控制；亚洲一些国家和地区则以政府管理为主，民间机构一般不参与管理。当科技园进入成熟阶段并具有一定规模以后，一般会采取"官、产、学"共管体制。在美国，由于企业界实力雄厚，科技园一般由地方政府联系；在西欧，一般由省级政府管理；而在发展中国家和地区一般由中央政府机构来管理。

第二，政府对科技园发展的作用是不可或缺的。不论哪一种管理模式，政府在其中都起着一定的作用，只是程度不同而已。美国硅谷、128公路地区等尽管是市场发展的产物，但它们的形成也与政府的作用密不可分。在它们形成初期，政府的立法保障、军事采购等都对它们的发展产生过巨大的作用。政府的重要性主要体现在：一是科技园发展需要良好的硬环境，如建筑、住房、交通、运输等基础设施的建设，离开了政府的参与几乎是不可能的；二是科技园发展需要的良好的软环境，如优惠政策、金融环境、法制环境、智力环境等。这些软环境的形成是离不开政府的。世界上几乎所有的科技园都采用"小机构，大服务"的运行模式。

第三，要充分发挥民间和市场的作用。政府的管理和参与，并不能包办一切，政府代替不了大学、科研机构、企业、社会中介组织、个人的作用，更替代不了市场经济的内在规律。政府的作用只有建立在市场机制得到充分发挥的基础上才是最优的。

二、中国高新技术产业开发区管理体制分析

（一）中国高新技术产业开发区管理体制的基本类型

目前，我国高新区的管理体制可以归纳为以下三种基本类型：

一是准政府的管委会体制，可以认为是政府管理型。管委会作为政府的派出机构，其主要职能是经济开发、规划管理，为入区企业提供服务，还拥有一定的行政审批权。管委会本身就是政府职能改革的产物：开发区管理职

能与行政管理职能相分离；机构精简，办事程序简化，效率高；实行用人机制改革，普遍采取竞争上岗等。我国绝大部分开发区在建设初期采取这种模式。但这是一种过渡形式，当开发区发展到一定规模，城市功能健全以后，这种管理模式就不适应了。

二是开发区与行政区合一的管理体制，是典型的政府管理型。其特点是开发区和行政区的管理职能合一，两块牌子一班人马。这种模式主要适用于整个行政区域作为开发区。如苏州高新区、青岛黄岛开发区等就是这种模式。高新区管理部门保持行政区管理机构的编制和职能，特点是便于指挥协调，但是处理不好，包袱较重，财力不足。

三是企业管理的体制。其特点是通过设立一个企业来规划、开发、管理一个开发区。开发公司实际上承担了一定的政府职能，进行公共实业开发。这种体制首创于蛇口，也称之为"蛇口模式"。上海的漕河泾、闵行、虹桥高新区也采取了这种模式。在这种模式中，开发主体不是一级行政组织或行政派出机构，而是开发商，但又要进行大量的公共基础设施投资。由于开发主体无法从地区税收收入中直接获得投资补偿，其对基础设施的直接投资将转嫁到地价上，致使地价过高；或者因不能及时回收资金，债务过重，而陷入财务困境。

（二）我国高新技术产业开发区管理机构的设置

从管理层次来看，我国高新区管理机构的设置有三种类型。

（1）开发区管委会一级管理。通常是采取管委会加开发公司模式，有的采取管理服务与开发经营功能合一模式。功能单一的开发区多采取这种管理结构。

（2）决策管理和经营服务两级管理。一区多园的开发区往往设有一个负责编制总体规划和制定政策的决策管理机构——大管委会，下面每个园区还有具体的管理、经营、服务机构——小管委会；一区一园的则多采取政府决策、管委会管理的两级管理结构。

（3）决策管理和经营服务多级管理。如北京中关村国家自主创新示范区由一区十六园组成，由于国家重视"中关村"科技产业的建设，在第一层级设立了由国家有关部委和北京市政府组成的"中关村国家自主创新示范区领导小组";第二层级成立"中关村国家自主创新示范区领导小组"办公室和中关村国家自主创新示范区(大)管委会,并将两者合署;第三层级,各分园所在地政府派出机构,成立各分园(小)管委会;第四层级,各园(小)管委会再设立企业、事业单位进行园区开发、经营管理和企业服务。这种模式的层次多了一些,但在由分散建园转向统一规划和整体布局的情况下,增加了领导层的权威性,便于科学规划和政策协调。

(三)高新区开发运作模式

高新区开发运作模式有两种。一种是政企分离模式。高新区管委会只负责行政审批、管理服务和制定政策,而开发经营由独立的开发公司承担。如苏州工业园实行完全的政企分离,管委会作为管理主体,不直接从事开发经营,交由中新合资开发公司负责。这一模式机构精干、权责明确,在进行大规模成片开发方面有明显的优势。另一种是政企合一模式。特点是高新区管委会兼具管理者和开发商的双重功能,管委会与开发公司两块牌子一套班子或交叉兼职。这种模式具有办事效率高、管理者能动作用大的特点,不少开发区在建设初期采取这种模式。但由于容易导致政企不分、职责不清、机构膨胀等内部弊端,一些高新区逐步又实行了政企分离。

(四)我国高新技术产业开发区管理体制剖析

我国是一个发展中国家,市场体系不够完善、法律法规不够健全、政府职能转变尚未到位、外部环境比较差,为了适应国际竞争,我国高新区大都采取了"特区型"政府管理体制。该管理体制一般具有以下四个显著特征。

1. 小政府、大服务

成立高新区管理委员会,作为政府的派出机构,赋予其省、市级经济管理权和部分行政管理权,代表政府对高新区管辖范围内的经济社会等事务行使统一管理职能,实行"一栋楼办公,一条龙服务",使企业进区需要办理的各种手续得以简化,管理服务企业的能力和效率大大增强。

2. 封闭式管理

政府职能部门一般不向高新区派驻机构，必须派驻的须经省市政府批准，且派驻机构受高新区管委会和派出单位的双重领导，机构负责人的任免须经得高新区管委会的同意。未经政府批准和管委会同意，各职能部门不得随意到区内检查工作和干预区内的管理事务。从而减少了外界干扰，创造了局部优化小环境，以促进科技企业快速、健康发展。

3. 人事竞争

管委会干部实行聘任制，面向社会公开选拔，加强岗位绩效考核，做到干部能上能下，人员能进能出。这样就摒弃了传统意义上的官员管理方式，强化管委会的服务职能，从机制上激活了干部的主动性和创造性。

4. 税收减免和财政返还

高新区开发进行征地拆迁、人员安置、基础设施建设，需要大量资金投入。政府为此制订政策，将区内企业上缴税费形成的财政收入，按一定比例返回高新区，确保其建设资金来源。同时，减免科技企业的部分税费，扶持其快速成长。

回顾我国高新区之所以能在20多年时间得以迅猛发展，成为国家依靠科技进步和技术创新支撑经济社会发展、走中国特色自主创新道路的一面旗帜，在很大程度上得益于这种新型管理体制。

但这种"特区型"管理体制实在是典型的"中国特色"。首先，它是我国实行改革开放但又没有完全到位情况下的一种特殊政府管理安排——减少现行体制和传统观念的束缚，实现管理服务的精简高效以适应高新技术产业发展需要。其次，它是我国综合国力不强但又渴望强盛情况下的一种特殊财政税收安排——政府没有现成的财力支持，但可减免科技企业自身创造的税费，返还高新区本身形成的财政收入。

新型管理体制是按照市场经济模式建立和运行的，是政府职能转变的一种探索和实践，是对传统管理体制的改革和创新，应该予以充分肯定。同时，我们也应该认识到，在市场经济体制刚刚起步，政府职能尚未彻底转变的情况下，受传统观念和旧体制的影响，新体制的实施不会是一帆风顺的。事实上，无论是国家级还是省级高新区，在新型管理体制运行中都遇到了不少实际的困难和问题，突出表现在以下几点：（1）权限不到位，调控乏力。首先，缺乏行政管辖权，由于高新区不是行政区，管委会的行政执法主体地位不明确，行政管理职能不能得到充分发挥，如：在新建区内不能进行统一规划建设，园区形象和长远发展受到影响；产业布局不能合理安排，形成一、二、三产业的比例失调；区内企业和周围村镇发生纠纷时，高新区管委会缺乏调控手段。其次，规划、外商项目审批等一些关键性权力没有真正下放给高新区，高新区在城市规划、招商引资和为企业服务时受到极大限制，不能真正实现统一、高效、快捷。最后，对工商、税务等派驻单位调控手段不够。这些部门直接同区内企业打交道，是开发区投资环境的重要组成部分，其工作作风、服务态度、办事效率都直接代表和影响开发区的形象，由于这些部门实行的是垂直领导，高新区管委会调控手段有限，有时对之无可奈何，使其工作作风、服务质量不能保证。（2）封闭式管理不断遭到蚕食和破坏。受利益驱动，高新区所在地的一些政府部门总想插手高新区内的管理，影响和干扰企业正常的生产秩序，对封闭式管理造成冲击和破坏。（3）旧的管理体制回潮。高新区发展到一定规模以后，有些市地政府在分配任务和考核时干脆就把高新区作为一个城区看待，多种工作都定指标、压任务。为了和市里一些部门对口，高新区内的机构设置也越来越多，职能越分越细，人员也随之膨胀；人浮于事，效率低下的情况开始出现。

历史地看，这种"特区体制"既是一种过渡型体制又是一种初创型体制。相对高新区这一新生事物的发展规律和客观要求而言，它是一种原始的、低级的制度安排。通过单一的政府强力推行，主要解决高新区生存和发展的硬环境问题，但远远没有解决高新区发展的软环境问题——而这才是科技产业发展的关键所在。

科技园创新模式的国际比较

一、世界科技园主要创新模式

由于各国或地区政治制度、管理体制、技术水平、发展战略、文化背景的差异，科技园的创新模式互不相同。但具有典型意义的创新模式总体上有三种：硅谷模式——以美国硅谷为代表的高技术产业综合体模式；新竹模式——以我国台湾新竹为代表的技术园区模式；筑波模式——以日本筑波为代表的科学城模式。

（一）硅谷模式

高技术产业综合体发展模式在科技园发展史上占有特殊的地位。它是在科技资源相对集中的地方开辟园区，利用知识、技术和人才密集优势，以良好的研发与制造相结合的条件吸引企业，使研发成果迅速转化并及时转移，形成规模化生产，促进高技术产业的迅猛发展。在众多的高技术产业综合体中，美国硅谷堪称世界典范。

硅谷创新模式的主要特征有以下几点。

第一，硅谷创新的主体是众多的小企业。在美国现有的高技术企业中

97%属于中小企业，中小企业的创新成果在数量上占全国的55%以上，科技创新项目的一半是小企业完成的，大约70%的科技发明是小企业实现的。硅谷的情形更是如此，尽管在硅谷有一批创新能力极强，甚至在某些高技术创新领域处于世界领袖地位的大公司，如思科、英特尔、惠普、朗讯、苹果等世界级的大公司，但不可否认的一个客观事实是，无论是过去、现在甚至将来，硅谷创新活动的主体仍是众多的小企业。硅谷大部分企业都是白手起家的，创造发明是他们最大的资本，取得成功后的小企业也无意于仿效东部大企业的垂直一体化模式，而是致力于产品的专门化，以新以快而不是以大以全取胜。专业化小企业通过灵活开放的合作关系实现外部资源内部化，比垂直一体化的大公司中的生产部门拥有更多的选择合作者的权利，因而更主动灵活和富有效率，更能集中精力推陈出新。即使生产规模扩大，产品多样化以后，企业还能保持早期的创新精神和应变能力。以惠普公司为例，在跻身于全美500家大企业以后，惠普的各个生产部门仍保持半独立状态，享有高度的自主权和技术自由，各自负责从产品开发、工业设计到制造销售、人事任免等全部活动，并有权决定是否和外界合作。而且，这种独立单元规模扩大到一定程度时就会再次分裂，总保持各个部门的专业性和开放性，以便继续不断创新。大量最新研究表明，硅谷的成功不仅仅是依靠大公司，大企业，更为重要的是依靠自己取得成功的成千上万的小公司。这些小公司在诞生后，无论成长，还是走向破产、死亡，在其存在和发展过程中都相互影响，或结成联盟，或达成契约，共同在协作与竞争过程中推动硅谷的不断创新，使硅谷获得了强劲的区域竞争力。相比之下，美国波士顿128号公路却主要由大公司组成，正由于结构上的区别，在20世纪80年代末的经济衰退时，硅谷没有受太大影响，而波士顿128号公路却失去了原有的优势。

第二，硅谷的创新以企业的衍生活动为载体。硅谷是一个由企业之间，企业和环境之间相互作用，相互影响而形成的创新区域，区域内企业的集群化水平比较高，企业之间自然繁育的机制已十分成熟，这可从硅谷半导体公司的繁育过程作一分析。1957年，8名年轻的工程师成立了一家新公司——

费尔切德半导体公司，这是当时硅谷唯一一家专门研究硅晶体管的公司①。经过约 10 年的发展，美国主要的 85 家半导体公司中约有一半是直接或间接由费尔切德半导体公司衍生出来的。衍生活动成为硅谷技术创新扩散的一种重要机制。在费尔切德半导体公司的衍生公司中有英特尔（INTEL），国立半导体，西格耐克（SIGNETICS），阿美尔科（AMELCO）等，它们都是当今电子信息工业的先导。所有这些在硅谷建立车间的公司，都迁往各自附近的另一个可利用的区位，几乎以同样的人继续工作。1959～1976 年创立的 45 家半导体公司中，有 40 家落户在硅谷②。1969 年在森尼维尔举行的一次半导体工程师大会上，400 位与会者中，未曾在费尔切德半导体公司工作过的不到 24 位③。与此相对应的是，科技人员在硅谷更容易变换工作单位，具有超流动性的特征，这为加速硅谷的创新活动提供了十分有利的条件。由于他们的才能经常从一家公司传播到另一家公司，使得不可能在文字上保持每一项创新都有专利权。解决问题的唯一途径是每一家公司在自己道路上加速创新，最终为衍生公司让路，这是一种非同寻常的无止境的技术和工业自我激励的发展过程。正如美国加州大学教授 M. 卡斯特尔（MANUEI CAS-TELLS）和伦敦大学教授 P. 赫尔（PETER HALL）所指出的那样，斯坦福研究园的形成，以及肖克利在加入斯坦福大学之后创立的公司衍生出来的众多公司，是硅谷发展的真正策源地④。

　　第三，与以企业衍生为创新载体相对应，硅谷的创新能力是通过协同作用而形成且不断提高的。硅谷创新活动的成功特别取决于它所形成的独一无二的创新网络和创新环境。在创新网络中，人们相互联系，发生协同作用，最大程度上实现资源共享，并且使商业竞争的推动力转化为通过合作进行技术创新的渴望，从而导致创新的出现。在硅谷，从创新设计到产品研制，投

---

　　①　M. 卡斯特尔、P. 霍尔：《世界的高技术园区——21 世纪产业综合体的形成》，北京理工大学出版社 1998 年版。

　　②　埃弗雷特·M·罗杰斯、朱迪恩·K·拉森：《硅谷热》. 经济科学出版社 1985 年版，第 81 页。

　　③　埃弗雷特·M·罗杰斯、朱迪恩·K·拉森：《硅谷热》. 经济科学出版社 1985 年版，第 62 页。

　　④　M·卡斯特尔、P·霍尔：《世界的高技术园区——21 世纪产业综合体的形成》，北京理工大学出版社 1998 年版。

入市场，形成一个又一个创新链，众多的企业之间，研究开发与生产之间，人员与人员之间等形成了纵横交叉的创新网络，或者说形成阶梯瀑布。这种创新网络能够把过去不曾属于自己的关键创新吸收起来并推入市场。美国联邦贸易委员会在一份报告中总结性地指出：美国半导体工业独一无二的力量在于公司之间能够迅速地仿制不断创新的芯片①，硅谷可以说开了这方面的先河。这种情形以1955年肖利克到达硅谷至1973年INTEL8080型集成电路完全成功和1974~1981年更短的时期内个人电脑的成功最引人注目②。也就是说，协同效应最明显地反映在重大技术突破上。再比如肖利克，巴丁和布拉顿在一起，于1947年12月在贝尔实验室共同发明了晶体管③。由于创新网络不断向高级演化，协同作用的效果不断提高，使硅谷各种操作更加专业化，使其在生产过程的每一阶段中保持领先，这是硅谷新一轮创新与增长的源泉，从而使硅谷在竞争中遥遥领先。

第四，硅谷的创新活动以大学为关键支撑，斯坦福大学是世界上最著名的电子研究中心，"硅谷之父"特曼把自己的电子工程作为斯坦福大学研究园起步的突破口，形成了硅谷的胚胎。而后斯坦福大学电子工程系的发展始终与硅谷发展保持同步，在硅谷的发展过程中一直发挥着举足轻重的作用。可以说，电子信息技术摇篮的硅谷便是在斯坦福电子工程系的扶持下迅速发展起来的，这种发展又为电子工程系的教学和科研提供了更好的条件④。当然，还有圣何塞州立大学、圣克拉拉大学和伯克利大学等高校。截至2011年6月，硅谷聚集了近10000家高科技公司，全球前100大高科技公司的总部有30%在硅谷。这里有超过100万人的科研人员，其中近千人是美国科学院院士、超过40位诺贝尔奖获得者。硅谷的智力资源密集程度不仅在美国首屈一指，而且在全世界恐怕也绝无仅有。这些大学起到了双重作用：首先，各个大学，尤其是斯坦福大学作为高科技成果的源泉不断地输向硅谷；

① 孙颖、王辑慈：《硅谷和128公路的对比看技术创新能力的保持》，载于《中外科技政策与管理》1996年第9期。
② M·卡斯特尔、P·霍尔：《世界的高技术园区——21世纪产业综合体的形成》，北京理工大学出版社1998年版。
③ M·卡斯特尔、P·霍尔：《世界的高技术园区——21世纪产业综合体的形成》，北京理工大学出版社1998年版。
④ 周可南：《斯坦福大学》. 湖南教育出版社1991年版，第83页。

其次，对硅谷的企业来说，可以就近聘请高科技人才，而且每年培养出大量的人才，为高技术企业提供充足的人力资源。

第五，硅谷的创新活动以风险投资为生命线。对于高度不确定的创新活动来说，没有风险资本的支持是不可想象的，一般认为，美国的风险投资起源于第二次世界大战后的 1946 年，以第一家风险投资公司美国研究与开发公司（ARD）的成立为标志①。其实，早在 20 世纪 20 年代和 30 年代在硅谷形成之前，斯坦福大学就有了风险投资活动。"硅谷之父"特曼为了将大学与工业紧密地联系起来，用他的钱资助他最好的研究生创办电子公司，这在当时就是高风险的投资行为了②。可以说，特曼开创了世界风险投资活动的先河，1938 年，特曼把 1538 美元借给了他的两名研究生威廉·休利特和戴维·帕克去创办商业公司。1942 年，这家公司的销售额达到了 10 亿美元。在硅谷起步阶段，风险投资相对薄弱，20 世纪 50 年代后期和 60 年代主要靠军方投资。20 世纪 60 年代末开始，风险投资的作用就在硅谷逐步占了主导地位。据美国《风险投资》杂志统计，风险投资在硅谷的投资额，1977 年为 5.24 亿美元，1983 年就猛增到 36.56 亿美元，占美国全部风险投资的 30%③。后来遭受曲折，但近年来又出现了更快发展趋势。在硅谷高科技产业发展史上，风险投资功不可没。著名的英特尔公司、罗姆公司、苹果公司等都是靠风险投资发展起来的④。风险投资支撑着硅谷成为美国乃至世界高科技产业的中心。目前，美国几乎 50% 的风险投资基金都设在硅谷⑤。不仅如此，硅谷的风险资本家多半是懂技术，会管理的退休工程师或前任企业家，他们有能力鉴别创业者的素质和创新的价值，经过简单的接触，不需要什么复杂的手续就可以作出投资决策，甚至仅凭写在餐巾纸上的企业发展计

---

① 卫之奇：《美国高技术产业风险投资》，载于《中国软科学》1999 年第 8 期，第 80 页。

② M. 卡斯特尔、P. 霍尔．《世界的高技术园区——21 世纪产业综合体的形成》．北京理工大学出版社，1998 年版．

③ 中共中央办公厅调研室：《我国高技术产业的发展道路》，北京理工大学出版社 1993 年版，第 225 页。

④ 中共中央办公厅调研室：《我国高技术产业的发展道路》，北京理工大学出版社 1993 年版，第 106 页。

⑤ 约翰·罗斯：《创新：硅谷及全球高新技术产业成功探因》，载于《高科技与产业化》1998 年第 1 期。

划就可以决定 25 亿美元的项目①。在硅谷只要创意是有前途的，风险资本就有保证。

第六，政府发挥了重要的间接作用。在硅谷的发展中，美国政府似乎没有发挥多大的作用，其实不然。硅谷的发展有两个显著的特点：一是发展无统一规则，是多种优良因素的组合；二是美国政府通过采购和立法起到间接重要的支持作用。20 世纪 50 年代美国政府需要小型可靠的电子系统，因为军用真空管的可靠性太低，而且用于制导导弹太重。1951～1953 年，政府支持硅谷的公司开发新技术，为晶体管的发展提供了市场。1952 年晶体管全部军用。由于晶体管的成功应用，美空军于 1958 年决定将其民兵式导弹的全部真空管换成晶体管，使晶体管的市场增大了一倍。军事采购比较灵活，支持了一些小公司的发展。政府除了是一个要求极高的用户以外，还在晶体管的开发和生产方面给予支持。政府对生产技术的支持大大降低了晶体管的成本。在集成电路的发展中，政府起到了同样的作用。斯坦福大学集成电路研究中心就得到了来自美国国防部 800 万美元的资助和来自 19 家公司 1200 万美元的资助②。继民兵式导弹从电子管转到晶体管之后，政府在民兵式二号导弹，阿波罗计划和弹道导弹预警系统中强制采用集成电路。20 世纪 60 年代初期，美国政府还通过大量订货促进集成电路生产技术不断完善。与此同时，美国政府还通过硅谷的教育方面投入巨资，为半导体工业提供了人才资源③。如果没有政府的资助，单靠院校是难以在新的领域开展教学活动的。此外，美国政府在创造良好的条件方面也起到了关键作用，包括税收政策，风险投资以及由政府资助的科研成果共享和银行政策等，都是鼓励半导体工业发明创造的力量所在。总之，军事和航空的需要为当时集中在硅谷的年轻的微电子工业提供了首要的巨大市场，注入了高风险投资，形成了一批有突破性的创新技术。

---

① 孙颖，王辑慈：《硅谷和 128 公路的对比看技术创新能力的保持》，载于《中外科技政策与管理》1996 年第 9 期。

② 中共中央办公厅调研室：《我国高技术产业的发展道路》，北京理工大学出版社 1993 年版，第 106 页。

③ 摘自 1997 年 9 月 12 日《中国高新技术产业导报》。

（二）新竹模式

技术园区是科技园的重要类型。发展技术园区现已成为一种流行的地方性和区域性的经济发展政策，其目的是在某一划定的地区集中兴建一批高科技产业公司，这些高科技产业公司能够提供就业机会，并最终能产生足够的收益和需求，使该地区在国际竞争和以信息技术为基础的新的生产条件下寻求生存时获得持续的增长。技术园区是目前世界范围内普遍出现的一种现象，因而在世界科技园的发展史上占有重要的地位。我国台湾的新竹园区就是一种典型的技术园区，它体现着很明显的当局规划意图，吸引外来的先进技术以及把技术和工业信息扩散到公司网络中去，从而提高台湾本地产业结构水平和促进岛内高科技产业的发展。

新竹创新模式主要具有以下特点。

第一，新竹园区的创新环境支撑系统主要由管理当局负责培育和完善。企业是技术创新的主体，这是市场经济体制本质所决定的。自然，企业是技术协同创新中的序变量，政府所提供的外控变量，最终是为了企业这个序变量顺利支配其他要素走向协同创新①。各国或各地区管理当局在科技园区不同的发展阶段不同程度地为其创新活动提供外控变量。

新竹园区完全是一个由台湾当局创立的工程，在其不同的发展阶段始终如一地发挥着主导作用。具体表现为：（1）台湾当局为园区的发展注入了大量的资金，到 1988 年，台湾当局就已投入 4.4 亿美元用于新竹园区的基础设施建设。到 1998 年年底，共投入 145 亿新台币用于软、硬件及学校建设。（2）当局运用法律手段扶持园区发展，先后制定和颁布了《科技园区设置条例》等一系列法规和文件，规定了一系列鼓励和刺激高技术投资和创新的优惠政策，在优惠政策上与保税区无异。比如，新竹园区的公司享有比出口加工区的公司更多的财政激励，包括 5 年免税，最高所得税 22%，免税进口机械设备、原料和半成品。投资人的专利和技术信息一律按等价股份计入投资等。（3）组织管理与协调。台湾当局成立了园区管理局，主要职责是提供园

---

① 彭纪生：《中国技术协同创新研究》，南京农业大学博士论文，1999 年。

区厂商整体服务和园区的维修工作，服务项目包括企划、投资服务、劳工行政、工商服务、工程、公共福利、医疗保健、环境和安全消防等。（4）在必要的情况下，当局或管理部门直接参与工业生产经营和创新活动。台湾仅有的生产集成电路的三家公司（均在新竹园区）都有当局的参与，除了电子技术研究和服务组织之外，另两家为联营微电子股份公司（当局拥有32%的股份）和TSMC公司（当局拥有47%的股份）。这两家公司事实上都是由原来在电子技术研究服务组织受过培训的工程师们建立起来的。

第二，新竹园区的创新领域重点突出，产业特色明显。中国台湾紧跟世界高技术产业发展的大潮，结合本岛的实际情况，在新竹园区成立之初，就为园区选定了极具战略意义和发展前景的电子信息产业。以台湾工业技术研究院的电子技术研究服务组织（ERSO）为创新核，研究开发和制造紧密结合，始终如一地围绕着电子信息技术这一关键领域，使新竹科技园区取得了极大成功，成为世界电子信息技术四大研究和开发中心之一。与此同时，新竹园区对入园企业严格把关，要求必须是高科技企业，具有较高创新能力且符合其产业政策，又能配合区域经济的发展和培养本土高科技人才，并且不造成环境污染。因此，园区产业技术层次高，产业特色明显。新竹园区建立30多年来，依靠较为丰富的科技资源，以资讯产业为主导的高科技产业业绩突出，至今仍保持国际领先的势头，并且正在向纵深发展，成为世界科技园区一个成功的典范，成为台湾现代经济发展的象征。

第三，丰富的智力资源在新竹的创新活动中发挥了重要作用。台湾新竹科技园区拥有台湾电子技术研究院，"清华大学"，"交通大学"，"中华工学院"等众多的大学和研究机构，附近地区还有"中央大学"，"中原大学"，中山科学研究院等。这些大学和研究机构是创新网络中的创新源和人才源，向科技园区提供先进的科研成果和优秀的技术人才。智力资源在创新活动中发挥了重要作用，尤其是在电子信息产业的发展过程中，设在新竹园区内的台湾工业技术研究院（ITRI）起到了核心的作用。该研究院是于1973年由台湾经济主管部门兴建的主要的技术转让和服务组织（ERSO），该机构在台湾的电子技术发展中起到了决定性的作用。1973年，该院从美国多国无线电公司购买了集成电路技术，其目的是把设计能力转让给中国台湾的公司，台湾当局又派遣了 40 名年轻的中国台湾工程师到美国多国无线电公司进行了 18 个月的高级培训。1974 年，这些受训的工程师回到中国台湾，同年就设计了首批完全由中国台湾制造的集成电路。依靠这批工程师，工业技术研究院于 1976 年正式建立了电子技术研究与服务组织（ERSO）。电子技术研究和服务组织（ERSO）开始生产手表用芯片，后来产品升级，为计算机和电话生产定制芯片。20 世纪 80 年代后期，电子技术研究与服务组织（ERSO）一直在生产高速随机存取存储器、MOS 随机存取存储器芯片、微机及其外围设备、消费用电子设备和电讯所需芯片。

第四，新竹园区的创新目标明确，创新策略新颖。新竹园区在高技术产业创新方面，制定了富有战略意义的创新目标，即创新要服务和服从于把台湾建设成为集制造、海运、航空、金融、电信和媒体于一体的"亚洲太平洋营运中心"这一目标。新竹园区从本岛土地、科技资源等实际情况出发，制定了以技术引进、生产配套为起点，逐步走向自主创新的创新策略，取得了很大的成功。新竹在配套起步、引进外资和技术方面有三个明显特点：（1）避开与美日竞争，适应新的国际分工模式，把高技术产业纳入跨国公司的国际生产线，成为跨国公司一道或几道生产工序的专业加工部门，或成为跨国公司生产某种零部件以及相关的配套产品。由于一开始就把自己融入世界高技术产业经济体系中，进而与国际技术集团合作，逐步形成了你中有我、我中有你的局面，使得新竹产业发展起点高。（2）引进的外来企业之间关联度大，推动了创新活动的不断深入。中国台湾新竹引进的外来企业，有不少是海外留学归国的华人青年知识分子创办的。即使是外国人投资的企业，不少也由华人管理，这些人在美国就是亲戚朋友或同学，相约在一起回来创业发展，因而在企业产品选择上往往形成互补共生的上下游产品关系，其产品是以其他企业生产的零部件或者其零部件来源于本园区中试制出来的高技术产品，彼此之间利益相关。由于引进企业之间形成了创新链和利益链，因而能够经受起国际市场的冲击。（3）外来企业中有不少企业实实在在地对园区乃至台湾全岛进行着相当数量的技术转让，加上台湾当局每年花巨资购买外国公司的专利，有力地提高了新竹园区的产品或产业的技术层次。近年来，日本独占的技术如像显像管、液晶薄膜显示器逐步向新竹园区打开就是一个有说服力的例子。在引进技术和企业的同时，新竹不断加大研究与开发力度，实行全球化经营策略，培育具有自主知识产权的新兴科技产业公司，开始逐步摆脱对跨国公司的依赖。

为了鼓励园区厂商进行研究开发新产品，园区管理局每年评选创新产品奖，并提供"科技园区创新技术研究发展计划奖"和"研究开发关键零组件及产品计划奖"。创新技术研究发展计划奖助设立20多年来，已成为园区科技产品提升技术竞争力的重要资源。

（三）筑波模式

科学城是科技园的一种类型，通常由政府进行规划，把大批研究机构和科技专家集中在高质量的某一特定空间，以产生卓越的科学成就或科技成果，并创造出协同的研究活动。然而与高技术产业综合体、技术园区等较高层次的科技园区相比较，科学城的特征似乎更重视科学研究。考察一般的科学城，一个共同的特征是科研机构之间，科研机构与制造业之间似乎没有建立必要的联系和反馈机制，尽管在某一地区集中的科研机构的科研能力出类拔萃，涌现出许多高质量的研究成果，但这些研究成果并不一定比传统学术环境下更易于商业化和工业化应用。

筑波科学城创新模式的主要特征如下。

第一，筑波科学城是日本政府倡导的科技政策的产物，政府为筑波科学城创建了宜于创新的制度环境和基础条件，促进了技术协同创新的形成。日本政府及其所属部门所做的主要工作是：（1）强化规划，体现政府意图。与其他国家或地区的科技园区相比，日本政府在筑波科学城的各个方面介入的多，干预较大。国家设计、建设并进行控制的科学规划而制造新的产业空间，正是筑波科学城计划所要达到的目的。1964年，日本国家区域发展委员会制定了筑波科学城的建设蓝图；1967年日本内阁批准了筑波科学城发展的基本政策；1974年成立土地管理机构并责成它负责筑波科学城开发项目的协调和调整事宜；1987年将筑波科学城原所涉及的5个行政区合并为一，这为筑波科学城机构和企业提供一流服务创造了条件。（2）国家投入巨资，为筑波科学城创造良好的发展条件和环境。日本政府及有关部门向筑波科学城投入数十亿美元巨资，主要用于道路和信息网络等基础设施的建设，形成了沟通筑波科学城与东京等地区的道路网，扩展了筑波科学城的内外信息联系。日本政府为改善筑波科学城的交通，还新建了千叶高速公路。交通设施的改善，使筑波科学城到东京成田国际机场乘车时间缩短为 1 个小时左右。由筑波科学城城区电缆系统财团（ACCS）运行的有线电视系统，为筑波科学城内大约 25000 个用户服务，一个能把每一套个人电脑与筑波科学城各研究中心的主机接通的地方通信网络开始运行。（3）通过立法，提升筑波科学城的创新能力。1970 年颁布实施了《筑波科学新城发展法》，为了鼓励私人公司，尤其是私人研究机构进入筑波科学城，1987 年 12 月颁布实施了研究交流促进法。这项法律允许私人企业使用国家研究院所的设施，并可促进国家研究院所与私人企业之间的人才交流和专利共享。这一法律实施后，约有 200 多家私人研究设施迅速建立于筑波科学城。私人研究机构的介入，加速了筑波科学城的创新活动，提高了筑波科学城的创新能力。

第二，智力资源密集。筑波科学城兴建时，周围地区智力资源缺乏。日本政府采取了特殊的措施，从东京及其他地区搬迁科研单位和大学进入筑波科学城，或在此新建科研机构和大学，并为之创造良好的研究开发条件，努力使筑波科学城成为国家级研究中心，成为提供一流科研成果的创新源。搬迁计划从 1968 年日本科学技术厅在筑波科学城建立国家自然灾害防治中心开始，到 1980 年 43 个国家级研究开发机构和大学全部在筑波科学城投入运行。在日本政府的精心培育下，经过 30 多年的建设和发展，筑波科学城已聚集了三四百家开发研究型企业和数万名科技人员，他们所开展的课题项目研究几乎涉及所有高度尖端的科技领域，成为一个产、学、研一体化的国际性科学城，成为亚洲最大的综合性科技园区。

第三，创新以大企业为核心。这种情形与硅谷模式是有很大区别的，但与整个日本的创新模式基本一致，即研究开发高度集中于大公司，大公司是高技术产业化的主体力量。自 20 世纪 20 年代开始，日本工业大企业逐步形成了一个重要的共同特征，即大企业实行内部劳动力市场，采取一系列改革措施，如内部培训和提升，固定专业工种划分以及以资历为基础条件的工资支付制度。所有这些逐步形成了日本大企业的长期雇佣和等级机构的企业制度。这种制度构成了大公司能够使其创新环境得以内化发展的重要组成部分。从公司内部来看，通过组织管理层之间的创新资源的转移，而获得了涉足新型生产领域的灵活性；从公司之间的横向关系来看，有保障的长期雇佣制度鼓励企业在研究开发和制造部门之间进行研究人员和工程师的交流。而众多的中小企业通过承包制和专业化协作分工依附于各自的大企业，大中小企业之间形成协同创新链。

　　因此，筑波科学城就不像美国硅谷那样有大批蜂涌而起的中小型高技术企业，它像日本其他地区一样形成了以大企业、大公司为顶点，以中型企业为骨干、众多小企业为基础的"垂直型"的企业群体结构。大企业和中小企业既相互竞争又相互依存，并且从直接竞争走向合作竞争，逐渐成为命运共同体。这是筑波科学城区别于其他园区的一个重要特征，但并不是说筑波没有中小企业。不过是由于大小企业之间形成了协作化程度高的"命运共同体"，使大小企业间的外部竞争关系变成了生产体系内的分工协作关系，人们一般不易直观地觉察小企业的作用。筑波科学城之所以成为有影响的、以研究开发著称的科学城，是得益于这种独特的创新模式。筑波科学城高技术产业的发展与产业机构的不断升级，不仅是特定历史时期的产物，而且也是筑波科学城特定环境的产物，以电子工业为基础的高技术产业在筑波科学城得到蓬勃发展乃是完全合乎逻辑的事情。此外，风险资本在筑波科学城内远不如硅谷那样充足，但大型企业不仅与政府保持联系，而且与自己的母体银行联系密切，沿袭了日本工业企业自 1868 年明治维新时期形成的特点。由于有银行的支持而保持创新活力。

　　第四，私人公司在创新活动中发挥了重要作用。筑波科学城在起步阶段存在着与韩国大德科学城等其他科学城一样的问题，即综合性基础研究占主导地位，忽略与地方工业的联系或与中小企业相关的研究开发活动。1987 年通过的研究交流促进法，鼓励兴办私人公司，尤其是私人研究机构，允许私人公司使用国家研究院所的研究设施等。这一法律实施后，研究开发与工业存在的较为严重的脱节现象有很大改观，不仅提高了筑波科学城内部研究开发活动的层次，而且加速了科技成果的转化和扩散。私人公司已成为筑波科学城创新活动运营的主体，发挥了主要作用，集中表现在三个方面：（1）通过私人公司将国家研究院所的科研成果向工业界转移。筑波科学城开发初期，国家研究院所面向工业和农业直接开展应用研究失败后，研究开发与工业和农业之间的直接联系处于停滞状态。20世纪80年代，政府亲自出马吸引私人公司进驻筑波科学城，逐步将原先以国家研究机构为主，转变为以私人公司为主的形式，并且取得了成功，为国家研究机构的研究成果商品化提供了渠道。（2）私人公司以多种形式与政府部门、国家研究机构进行联合攻关。例如，日本电子技术实验室通过和私人公司的联合研究来吸引研究人员，他们与私人公司签订了不少于100项联合研究的合同，私人公司取得成果许可证，研究成果所获得的利润80%归私人公司，20%归电子技术实验室[①]。私人公司与国家研究机构的联合研究，紧密结合工业企业的实际，针对性、应用性强，因而受到工业界的普遍欢迎。（3）是通过私人公司促进企业最大限度地利用筑波科学城巨大的知识资源，实现知识和信息资源的共享。私人公司三井集团希望建立一个跨学科的研究与交流中心，以便能和其他行业部门的研究人员一起共同开展富有创造性的研究开发活动。在这一背景下成立的筑波辅助研究中心（TRSC）承担了这一重任，它本身是由74家私人公司（占2/3的股份）和地方政府共同组建的股份公司。TRSC向个人、私人公司开放实验室与交流设施，开放信息网络，提供全球性专利信息方面的服务，举办旨在促进政府、大学和工业部门研究人员开展合作研究和进行相互交流的各种讨论会等[②]。正由于私人公司，尤其是私人研究机构发挥了独特的作用，因此，自20世纪80年代开始，日本通产省就开始把发展私人公司和公私合营公司作为发展主要技术的关键举措。此外，私人公司还参与了筑波科学城的管理和运作。总之，私人公司在筑波科学城的创新活动中发挥了不可替代的作用，而且这种作用有进一步增强的趋势。

---

① M. 卡斯特尔、P. 霍尔《世界的高技术园区——21世纪产业综合体的形成》，北京理工大学出版社1998年版，第91页。

② 中国科学院应用研究与发展局：《国外科技与经济结合译文选编》，载于（内部交流资料），1994年4月。

二、世界科技园创新模式的异同点

（一）世界科技园创新模式的共同特征

尽管硅谷、新竹、筑波的创新模式存在着一定的差异，但它们之间却有惊人的相似之处：三个科技园都具有良好的区位条件，形成了各具特色和富有活力的创新网络。

这三个科技园都具有良好的区位条件。硅谷、新竹、筑波三个科技园区在区位布局上有三个显著特征，一是以智力资源为依托。硅谷拥有以著名的斯坦福大学为代表的一批高水平大学和专业科研机构，拥有 33 万名高层次的技术人才，其中有 6000 名自然科学博士和工科博士，占整个加州博士人数的 1/6；新竹科技园区周围拥有台湾电子技术研究院、"清华大学"等一批高质量的大学和科研机构，聚集了相当一批高层次的专业人才；筑波科学城有 48 个国家级研究机构与教育院所，拥有众多的私人研究机构，聚集了 1.5 万名多学科的高水平的研究人才。由于智力资源密集，人才众多，特别适合以知识密集为特征的高技术产业的发展。二是具有发达的交通网络。高技术产品的生命周期短，一旦开发成功就应该迅速投放和占领市场。因此，对于高技术产业来说，空运条件和高速公路网络尤为重要。硅谷、新竹、筑波三个科技园区所依托的城市化地区所拥有的发达交通网络满足了高技术产业发展的这一要求。硅谷附近拥有国际机场和以 101、280、880、680 为主要干道的高速公路网；新竹科技园区距台湾最大的国际机场桃园机场 55 公里，南北高速公路和电气化铁路贯通其间，距台中、基隆两大国际海港 90 公里；日本筑波科学城位于东京东北 50 公里处，北依筑波山，东临日本第二大湖霞个浦，这一地区不仅具有良好的自然环境，而且交通发达，距国际机场 40 公里，有完善的公路和铁路网络。三是自然环境、气温条件良好。以新竹科技园区为例，这里地势平坦，林木茂盛，四季常青，气候宜人，风光秀丽，温泉、瀑布到处可见，有许多著名的自然风景区，是科学研究和技术开发的理想场所。

这三个科技园都形成了创新网络。所谓创新网络，是指在特定范围内多元主体参与的、有多种创新资源流动的、开放的创新系统，是一种新的组合与运作方式。无论是硅谷、新竹，还是筑波，乃至世界上任何一个较为成功的科技园都形成了具有自身特点的创新网络。考察硅谷、新竹和筑波这三个科技园，其创新网络中有四个最基本的行为主体：大学和研究机构、企业、政府以及具有创新粘结功能的中介机构。这四个不同的创新行为主体相互分工与协作，与不同的创新资源发生组合与配置，共同推进创新活动的展开。

（1）创新网络中的创新源——大学和研究机构。美国硅谷电子信息产业就是以斯坦福大学为创新源，并且在发展过程中始终得到斯坦福大学在技术和人才上的支持。晶体管、个人计算机、集成电路核心技术、微信息处理机技术等一大批高水平的技术创新成果都源于斯坦福等一批大学。这为硅谷的迅速崛起，继而成为世界最高水平的电子信息产业研发和制造中心奠定了基础。台湾新竹科技园区信息和资讯产业的发展是以台湾电子技术研究院为创新源。总之，在创新网络中，大学和研究机构作为知识和技术的重要供给者，直接参与了知识的生产、传播和应用。创新网络为大学和研究机构及其企业提供了相互交流的界面，企业直接对大学和研究机构提出技术需求和提供必要的科研经费，大学和研究机构根据市场需求进行技术创新的能力明显增强。双向互补的需求，使交流结点频繁出现，创新资源的流量加大，创新机会大大增加。

（2）创新网络中的创新主体——企业。在创新网络中，生产体系可以被一个企业所全部容纳，也可以由企业群落来构成。实现专业化分工协作的企业群体作为一个灵活的生产制造系统，能低成本或高效益地实现多品种小批量生产，同时也不排除大宗的通用零部件的规模化生产。与此同时，创新网络中，不仅拥有众多的、大小和形态不一的企业，而且这些企业不断衍生和繁殖，显现出较强的交叉繁殖能力。企业衍生是连接科研成果与商品之间的桥梁，其频繁程度常常意味着可转化为生产力的技术项目的多少。衍生出来的公司往往是具有创新活力的"分子"，它们发掘出被原企业忽视的技术和市场，这种改弦易辙的行为常常会导致某个领域的变革和新技术市场的开拓，进而又使衍生企业迅速发展；新老企业在同一市场上展开竞争，又会促进技术和产品的进一步创新。同时，衍生企业又往往会在原企业的技术中产生新的突破，分裂出来后在一个技术水平更高的层次上进行专业化经营，企业之间的分工协作水平就更上一个台阶。不断衍生的企业间高度联系，形成了一条无形的创新链。依托创新链，企业间平等互惠而不是相互支配，进行着技术、制度、文化等各个方面的交流与合作，大大降低了每个企业负担的技术创新的投资成本。综观硅谷、新竹、筑波这三个科技园，不断壮大和不断衍生的企业成为技术创新的主体，构成了科技园创新网络的核心。

（3）创新网络的建设主体——政府。政府在科技园创新网络中提供外控变量，是创新网络的组织、建设和维护者。在创新活动中，政府通过法律、经济和组织管理手段在制度、环境和政策层面，引导创新活动的方向、刺激大学和企业之间的协同创新、保护创新成果和协调创新主体间的矛盾。日本政府和台湾当局在筑波科学城和新竹科技园区开发建设中参与、介入比较多，政府的作用十分明显。而美国政府构建了较为成功的间接宏观主导模式，在硅谷，半导体—集成电路—计算机—控制系统这一技术创新演变的轨迹中，始终都有政府的影子。政府在硅谷的创新网络中有力推动了军事技术与民用技术的协同创新，大学与企业的协同创新。

（4）创新网络中的主要结点——中介机构。技术协同创新是一种高度社会化的活动，创新资源、创新行为主体协同关系形成之前，相互之间有一个搜寻、选择及被选择的过程，作为技术创新主体的企业，无论是在企业之间，还是在企业与大学、研究机构之间，要先搜寻、识别，再根据各自的效用函数和收益预期，历经博弈，走上协同，完成技术创新。如果每一个企业在浩如烟海的信息汪洋里，单靠自己去完成搜寻、识别，工作量非常大，成本非常高，并且在鱼目混珠、真假难辨的市场上，风险也大，难以形成合作博弈。许多企业在技术创新过程中的某一环节，或某些方面力不从心，或某类资源缺项，均需要中介机构综合社会高度分工而产生的众多比较优势，互补互动，集成于技术创新。筑波科学城从 1979 年开始一年内，就诞生了 10个非官方的发挥中介机构作用的信息交流协会，如环境研究协会、应用地学研究协会、地球科学研究协会、构造工学研究协会等。到 1991 年，这种非官方的信息研究协会已达到近 100 个，有力地促进了筑波科学城的技术创新活动①。台湾新竹科技园区有一整套的中介机构，包括科技成果和技术咨询服务机构、人才中介机构、管理咨询机构、金融机构、各类评估机构和信息服务机构，以及提供法律、财务管理等服务的其他中介机构，它们构成了技术协同创新服务体系。

（二）世界科技园创新模式的差异

当然，硅谷、新竹和筑波这三个科技园创新模式也存在着明显的差异，这三个国家和地区的经济技术水平的不同是导致这种差异的主要原因。

第二次世界大战期间，在世界上各主要强国中，唯独美国经济几乎没有受到战争破坏，而其他国家经济都受到战争的重创，倒退了多年。因而，战争结束时，美国与其他任何一个国家的经济实力的差距，都进一步扩大，处于绝对的霸主地位。与此同时，随着欧洲大批科技人员逃亡美国，美国的科技实力进一步增强，大多数工业领域水平名列前茅。这从根本上决定了美国的技术创新战略只能以自主创新为主，而无"便车"可乘。美国的技术创新战略要求基础科学理论研究需处于世界领先水平，而基础科学理论研究主要以大学为核心。同时，美国政府出于政治上、军事上的需要，又迫切需要将基础科学理论研究成果向商品化与产业化转移。为此，美国政府及其所属相关部门一方面投入巨资用于大学的教学和科研，或在大学建立规模巨大的工程研究中心，催育重大高技术科研成果的出现；另一方面，运用各种手段，促进大学与产业界技术协同创新，努力实现知识创新和技术创新的协同。所以，第二次世界大战结束后不久，产学研一体化的协同创新模式就开始在美国首先形成并在实践中得到不断完善。战后资本主义世界最重要的科技项目有60%首先在美国研究成功，75%在美国首先应用②，从某种意义上讲，就是得益于这种产学研一体化的创新模式。硅谷地区有以斯坦福大学为代表的众多擅长基础理论研究的大学和研究机构。20世纪20年代，斯坦福大学就

①　河本哲三：《从共同组织研究开发来看产学联合》，日本《技术经济》，1992年3月号，第27页。
②　国家科委国际合作司：《对外科技合作国别研究》（第三版，下册，内部资料），1993年6月，第702页。

始终保持着电子工程领域基础理论研究的领先水平，像电子管等一批重大技术创新成果就是在这个时期由斯坦福大学发明创造的。而且在此期间，就形成了教师或大学生自办公司、将自己的研究成果商业化的习惯。例如，1921年，斯坦福大学的一名大学生德·福雷斯特开办了联邦电报公司；哈里斯·赖恩博士带领他的学生一方面从事电子领域的研究，另一方面将自己的科研成果引入自己创建的公司之中，从事商业化经营①。通过对资料、文献的综合研究，可以得出一个基本结论：硅谷是在美国率先创建产学研一体化的创新模式和率先实现知识创新与技术创新协同的主要地区之一。20世纪60年代借助于美国国防部和宇航局的支持，使硅谷这种模式进一步得到完善。

第二次世界大战结束时，日本基础理论研究较为薄弱，为了追赶欧美，采取了一条由"模仿创新"走向"自主创新"的技术创新战略，重点引进欧美重大创新技术，在此基础上进行二次创新。20世纪50年代，日本平均每年从国外进口100项大型的先进技术。进入60年代以后，引进技术的速度加快，平均每年都达到500～600项，特别是1968年以后，引进技术的规模更大，每年都超过1000项。在60年代每年平均引进技术1090项。70年代，每年平均引进技术竟达2091项。由于日本从战后到20世纪的六七十年代一直实行"技术引进"策略，基础理论研究就比较薄弱，科学上的创造性显得不够，影响了新兴产业的繁殖和整体水平的进一步提高，结果是不可避免地使其成为一个复制和改造欧美企业产品的国家。正如日本一位教授所说的，日本是一个"寄生工业大国"，这种只注意技术引进忽视基础研究的"急功近利的短期行为"必然导致"技术萧条"②。实际上，日本政府从20世纪60年代初就开始意识到这一问题，并认识到"胜负系于基础研究"。由于日本上下担心将来越来越不容易获得国外技术，就萌发了实施"技术立国"国策的念头。从此开始逐步加强基础理论研究和自主创新的力度。例如，1960年日本政府全额出资设立了"新技术开发事业集团"，其主要任务是调查、收集大学及国立、公立试验研究机构的试验成果，发掘其中优秀的

---

① M. 卡斯特尔、P. 霍尔《世界的高技术园区——21世纪产业综合体的形成》，北京理工大学出版社1998年版，第19页。
② 杨德才等：《高新科学技术与世界格局》，湖北人民出版社1998年版，第334页。

成果①。筑波科学城就是在这种背景下产生的，所以其创新模式在一开始侧重于基础理论研究。20 世纪 70 年代后期和 80 年代初期，由于基础研究与应用研究的界线愈来愈模糊并互相重叠，以及美日之间技术贸易战的加剧，日本政府一方面采取继续加大对基础研究的投入，另一方面促使大学积极参与政府和工业界科研机构的合作研究。在此背景下，筑波科学城的创新模式开始发生相应的变化，从相对侧重于基础研究逐步演化为既注重基础研究，又注重基础研究成果的转化，重视与工业界的合作。

20 世纪 50 年代初，台湾地区以发展农业为主。在 1954 年以前，台湾农业部门的就业人数占全部就业人数的 60% 以上，这一比例到 1962 年仍达到 55%。由于台湾地域狭小，岛内市场需求有限，加上以农业为主的经济结构，科技水平相对落后，因此，发展工业化必然要走外向型的道路，由外部需求带动工业化，以国际资源来补充岛内的资源不足。因此，台湾当局于 1966 年 12 月创建了以引进外资和技术，发展出口加工工业，扩大就业机会为目的的高雄出口加工区②。这是世界上第一个出口加工区。随后，台湾当局又分别建立了楠梓、台中两个出口加工区。到 1992 年，这三个以制造业为主的出口加工区共有外资企业 238 家，投资总额 8.68 亿美元，其中外来投资为 71.07%，累计出口 353.5 亿美元③。出口加工区的建设，促进了台湾经济的发展，尤其是提高了台湾制造业的整体水平。但好景不长，到 20 世纪 70 年代初，台湾 3 个出口加工区经过 10 多年的发展经营，已没有进一步拓展的余地，特别是区内已布满了劳动密集型企业。随着菲律宾、韩国、新加坡等国家出口加工区的迅速发展，以及台湾本地劳动力趋于短缺，工资成本日益上升，使台湾三个出口加工区的竞争能力大为降低。与此同时，世界范围内新技术革命蓬勃兴起，新兴工业化国家和地区随后追赶，使台湾当局日益意识到只有发展高技术才是突破经济发展瓶颈的关键所在。为了保持台湾经济迅速发展的势头，在高技术领域抢占制高点，台湾当局效法美国等国

① 王永生：《技术进步及其组织——日本的经验与中国的实践》，中国发展出版社 1999 年版，第 17 页。
② 李国鼎：《台湾的对外经济合作与出口加工区》，东南大学出版社，1994 年版，第 245 页。
③ 李国鼎：《台湾的对外经济合作与出口加工区》，东南大学出版社，1994 年版，第 268 页。

家和地区的做法，于 1980 年年底在新竹设立了科技园区，以引进外国新兴尖端技术。然而 20 世纪 80 年代以前的台湾，其主要工业技术基本停留在模仿和抄袭外来技术的阶段，不仅技术缺乏，科技人员不足，教育与产业相脱节，而且大量科技人员外流。当年理工科大学毕业生到海外留学的比例平均每年达到 20% 以上，而学成归来的不足 10%。因此，尽管台湾的技术创新和技术开发也有一定的基础，但与其自身的制造业相比，就显得比较薄弱。所以，新竹科技园区一开始只能侧重于引进技术，以发展高技术密集的外资工业为主。这就形成了新竹科技园区的创新模式。当然，现在与过去相比，新竹科技园区的创新模式已发生了很大的变化。

综上所述，本研究得出的一个基本结论是，科技园的区域创新能力的创新效率不仅取决于各个创新行为主体各自的高效运转，更取决于各个行为主体间相互联系和合作，以及由此产生的创造性协同作用。如果仅有各个行为主体的高效运转，而行为主体间的技术流动和资源流动低效或无效，创新的整体效率就无从谈起。硅谷、新竹和筑波科技园将上述四个创新行为主体有机地联系起来，形成了结点密集、联系频繁、组合运作方式合理的创新网络。在创新网络中，企业、大学和研究机构、政府等各个不同的创新行为主体不仅各自高效运作，而且彼此之间存在着广泛的、多层次的各种技术合作和人才、信息交流，有效互动、相互磨合，并在相互作用、相互激发中采取良好的组合和运行方式，各尽所能，各得其所，取得了"整体大于局部"的协同创新效果。不仅如此，创新网络还通过技术和产品的辐射，以及企业组织的扩张，对外开放，将创新网络尽可能地对外延伸，成为全球创新网络中的一个重要组成部分。通过与外界企业、大学和其他机构的交流和合作，使科技园可以在更广泛的范围内实现技术、人才和知识等资源的高效集成配置。硅谷、新竹、筑波三个科技园所形成的高度完善和发达的创新网络使知识创新与技术创新这两大系统高度协同，造就了这三个科技园成为世界上大学与企业协同创新效应最大地区的奇迹。

三、中国高新技术产业开发区创新模式分析

经过 20 多年发展，我国 105 个国家级高新区总体规模迅速扩张，高新

技术产业持续发展，显示了较强的创新能力。但是，从总体上看，我国高新区制度创新滞后，政府制度供给能力不足，在引导企业、中介机构、科研机构和高校间实现协同创新上力度不足；园区相当一部分企业处于"长不大、死不了"的境地，企业之间的创新与交易成本太高，中小企业发展环境有待进一步改善；中介机构良莠不齐，为企业创新活动提供粘结的功能不够充分；科研机构和高校在总体上尚未真正成为高新区的主要创新源，科技与经济相脱节的现象依然严重存在。硅谷、新竹、筑波科技园的创新模式，尽管有其一定的缺陷或不足，但它们为我国大陆高新区和众多的其他各类开发区创新模式的构建和创新能力的提高提供了十分有益的借鉴。

第一，强化中小企业的环境建设，使之成为我国技术创新的重要力量。中小企业的技术创新在总体上具有充分的活力，比大企业具有更高的效益。但与大企业相比较，中小企业不得不在极为不利的竞争条件下生存与发展。在我国，由于历史和文化的原因，人们的习惯思维往往视大为强、视小为弱，以大为荣、喜大嫌小，大多数中小企业所面临的生存与发展的问题十分严重。我国技术创新所处的阶段性和中小企业技术创新固有的特殊性，决定了政府必须尽快解决中小企业的生存与发展问题，使之成为我国技术创新的重要力量。用法律手段支持和鼓励中小企业的技术创新。尽快形成一套从宪法的有关条款到中小企业基本法，再到各特别法较为完善的、层次分明的中小企业法律体系，为中小企业的技术创新创造更好的环境与空间。制定鼓励中小企业创新的具体政策。对企业用于技术研究与开发的费用实行税收抵扣的政策，可按中小企业销售额的一定比例提取高技术研究与开发基金，鼓励企业向高技术及其产业投资。加快国有银行向商业银行转变的步伐，促使其面向中小企业，使不同类型、规模的企业一律平等，减少金融机构对中小企业的歧视，还可以采取贴息等措施鼓励创新型中小企业的发展。

第二，强化大学、科研机构的作用，使之成为我国技术创新的重要技术源、人才源。我国知识创新能力较强，国际排名位次靠前，但对比鲜明的是，企业技术水平落后，极大制约了企业产品在国际市场的竞争力。直接原因是科技人力资源仍集中在科研机构和大学，企业与科研机构、大学在技术创新中的互动较弱。实现知识创新与技术创新的协同，大学、科研机构与企业的协同，成为深化改革、提高我国技术创新能力的重要支撑点。应该进一步深化大学和科研机构的体制改革，打破我国技术创新领域的垂直自我封闭的结构系统。要在政府的宏观指导下，加快大学体制的改革，特别是要加强地方和企业参与办学的力度。大学、科研机构、金融机构和企业要在优势互补的基础上，按现代企业制度的要求积极发展创新型企业，通过"利益共享、风险共担"的机制，实现完全意义上的产学研联合。通过开放大学和科研机构的仪器和实验室，在一定的区域范围内形成市场化运作的专业化合作与分工的若干个技术研发中心，实现技术设备资源的共享。制定优惠政策鼓励各类科技人员进入企业。

第三，强化中介服务体系建设，发挥中介服务体系在技术创新活动中的粘结功能。技术创新过程是一种高度社会化的活动，如果每一个企业在浩如烟海的信息汪洋里，单靠自己去完成搜寻、识别，工作量非常大，成本非常高，并且在鱼目混珠、真假难辨的市场上，风险也大，难以形成合作博弈。许多企业在技术创新过程中的某一环节，或某类资源缺项，均需要中介机构发挥综合社会高度分工而产生的众多比较优势，互补互动，集成于技术创新。目前各领域中介机构数量虽多，但专业化水平与服务质量良莠不齐，协同程度较低。由于中介机构的粘结作用不强，企业间、企业与大学和科研机构间信息交流不足，企业技术创新的成本较高。强化中介服务体系建设的主要内容是：要加快现有的中介服务机构脱钩转制的步伐，按照市场化独立运作，使中介服务机构成为风险及利益的主体。要特别重视技术转让与推广、评估、咨询、合作与产品营销和法律、会计、审计、公证等中介服务机构的建设，使企业在研究开发、成果转让、资源配置、市场开发、后勤服务等方面得到一体化服务。要统一制定中介服务机构的标准，对中介服务机构进行定期的资格认定和复查，实施动态管理。引导中介服务机构提高技术水平和服务质量。

第四，强化风险投资体系建设，为我国技术创新提供必要的风险支撑。从我国的国情出发，一套以民间资本为主、按市场规则运作的风险投资机制的基本模式应包含以下内容：（1）形成以政府资金为引导、民间资本为主体的风险资本筹集和循环机制。要改变现行的以财政资金为主组建风险投资基金的做法，调整风险资本筹集制度，吸引民间资本进入风险投资基金，形成以政府资金拉动民间资本、政府与民间共担风险的格局。形成市场化的风险资本运作机制。风险投资机制的构建，一是要改变风险投资公司的所有者结构，使对收益关注程度高的民间资本能够控股；二是要采用变通办法强化风险投资公司的约束激励机制，使其收益与公司经营成败紧密结合起来。由于在风险投资活动中信托基金制度明显优于公司制度，要努力发展和完善风险投资的信托制度。（2）形成多元化的风险资本退出机制。要拓展国内私募市场；充分利用海内外证券市场，推动风险企业上市。

科技园运行机制的国际比较

一、世界科技园的运行机制比较

世界上绝大部分科技园都是在政府的支持帮助甚至直接规划下形成和发展起来的，其运行机制是否健全、灵活和畅通是科技园成功与否的关键。本研究认为，科技园的运行机制主要由官产学协力机制、资金筹集机制、企业准入机制、要素流动机制、风险投资机制、人才激励机制等部分组成。因此本研究试图通过对这几种机制进行国际比较。

（一）官产学协力机制

建立研究开发的官产学协力机制，使科技与经济紧密结合是科技园取得成功的关键。在世界绝大多数科技园的运行中，政府始终起着主导作用；企业是研究、开发和生产的主体；大学和研究机构则是科技人才、创新思想和研究成果的摇篮。三者在高技术的研究、开发和生产中发挥着各自的作用。政府的作用主要是：一是建设基础设施，创造良好的投资环境，世界上绝大多数科技园都是由政府参与兴办的，园区所在地区的高速公路、铁路、机场等都是政府投资兴建的；二是教育与科研投入，良好的教育科研基础和环境，是吸引许多科研人员进入园区从事科学研究与开发的重要因素；三是提供种子基金，支持高新技术产业的开发；四是制定各种优惠政策。科技企业是科技园的灵魂和高新技术产业化的中心。科技公司一般是以科技进步为依托，以技术人才为主体，技术创新和管理创新合二为一，承担高技术的高投入、高风险和高收益。没有大量科技公司的生产和发展，就没有科技园的真正发展。大学和科研机构是培养人才、科学研究和技术开发的中心和基地，是科技园不可或缺的基础。因此，政府、企业、大学和科研机构以及三者之间的通力合作是科技园发展的基础。

为了加速科研成果产业化、缩短研究生产周期，国外不少科技园都建立有"官、产、学"联合研究开发组织。一是建立多方共同管理的公用研究设施，为增进"官、产、学"之间的联系创造条件。如日本通产省在技术城设立"官、产、学"共同研究中心，这是国立研究机构，企业和大学共同研究和委托研究的场所；筑波科学城建立由县政府，银行和 54 家公司共同出资的筑波研究支援中心，各省厅也相应加入该支援体系，使该中心成为国家级支援机构，为"官、产、学"交流提供了场所，日本大分县技术城建立了"官、产、学"三位一体的科研、情报系统，即由产业界、学术界、政府部门共同建立了大分县地域振兴机构，下设技术振兴财团，高技术开发研究所，大分县情报研究中心。美国 I－270 高技术走廊是由所在的蒙哥马里县当局与马里兰大学、国家标准和技术研究院共同建立的生物技术高级研究中心及环绕周围的研究与开发村；北卡罗来纳州政府支持建立了三角研究所，它包括北卡州科技研究中心，北卡微电子中心和北卡生物技术中心。深圳高新技术产业园区内建立了深圳清华研究院（深圳市政府与清华大学合作）、深港产学研基地（北京大学、香港科技大学与深圳市政府合作）等。二是成立技术转移和技术服务公司，以加强官产学之间的联系，促进技术转移。例如，澳大利亚在科技园建立技术转移和技术服务公司，其主要任务是把科研成果，新产品或新技术及时传递给企业去推广和应用，同时把企业的生产要求和新打算及时转给研究人员进行攻关。法国里尔技术城建立的科学协会、技术转移办公室等等，都是促进官产学紧密合作的组织。上海市科学委员会、杨浦区政府、复旦大学、同济大学和第二军医大合作组建的洋浦高新技术创业服务中心也是属于官产学协力合作的典型组织。三是"官产学"联合搞研发。通过政府各基金会或董事会组织联合研究开发，密切了政府、大学和企业之间的联系。目前通过科研项目的研究开发，官产学联合行动，密切合作，在世界科技园中已经蔚然成风。四是地方政府设立各种基金会资助大学和企业。如德国西柏林新技术创业者中心的管理者之一的西柏林市政当局，设立了革新基金会，支持新建企业。日本技术城所在地的地方政府也组织了不少基金会，向日本技术城的大学提供科研经费，更新和改善设施，以提高技术城内大学的研究能力。中国台湾新竹科学工业园区管理当局还为区内企业提供了许多技术创新技术研究发展计划奖助。此外，还有诸如开放政府实验室，举办各种研讨会以及非正式的人员交流等渠道增强官产学之间的联系。

上述政府、大学、企业的联系都由政府部门的协调和介入。与此同时，大学（包括研究机构）与企业在互利基础上自发横向联系，进行学企之间的合作。一方面，大学向企业提供研究成果、研究设施、甚至研究人才，企业则向大学提供研究资金和需求信息；另一方面，园区内企业之间密切联系，在技术开发和项目交流方面相互合作，同行企业建立横向网络组织，加强信息传递和经验交流。这主要表现在：一是资金支持和委托研究。即企业在感兴趣的项目上向大学提供一定数量的研究资金，或出资委托大学在某些特定领域进行研究开发，从而享用大学的研究成果。二是合作研究。即企业不仅出资而且与大学一起参加研究项目，或是企业请大学参加本企业的研究与开发工作，大学与企业在共同享有的或共同操作的设施上进行合作研究。如剑桥科学园的高技术公司有90%与剑桥大学有合作关系，一半以上与该地区的研究机构有联系。三是合同研究。即大学与企业就双方感兴趣的研究项目签订研究协议，内容包括研究范围、人员、设备、管理措施、资金、研究期限和发明权等。四是情报交流。即大学各种论文、研究报告、会议文集、刊物源源不断传播到企业，企业还可以通过现代化手段调阅大学的教学实况和科研数据。如斯坦福大学通过闭路电视将电视课程传送到研究园的各高技术公司。此外，大学还可通过各种技术咨询、市场咨询、技术展览会、学术讲座、学术研讨会等方式进行交流。五是人员交流。即大学教授或科学家担任公司的顾问或董事会、理事会成员、或成为公司合伙人、创办人、公司股票持有者。企业的人员到大学任教或当校外客座评议员、论文评审委员。大学与企业招聘对方的人才到本单位工作；大学生、研究生到公司做研究论文。大学与企业人员之间进行正式和非正式的互访。人员的交流往往伴随着技术的交流，使双方的反馈过程得以实现，从而提高大学技术转移的速度和效率。六是知识产权转让。许多大学在科技园内部设有联系机构，向园区内公司推荐专利许可证和技术诀窍。七是自办实体。如北京大学的方正、清华的紫光等。在此需要指出的是，国外大学几乎没有校办企业。说要加强大学与企业的联系，就是大学办企业，这是误区。

技术的发展、劳动分工的加深和公司专门化已成为后工业化经济的主要特征。在有组织的经济活动中，技术发展与变化已经带给公司内部和公司之间劳动分工的加深。高技术公司就是通过附加值链来实现的。一种高技术产业的经济活动可能由许多内部的生产，外部的市场和服务活动所组成。公司之间的专门化和劳动分工使得规模经济的获得成为可能。经济一体化和专门化在工业系统的形成中具有巨大的推动力。在科技园内，企业与企业之间的联系除了激烈的竞争以外，还有密切的联系与合作。比如在美国的硅谷，公司不是大而全，而是专业化，不同企业生产的部件相容。硅谷有一个以地区网络为基础的工业体系，能促进各个专业制造商集体的学习和灵活调整一系列相关技术。在网络系统中，公司内各部门职能界限相互融合，各公司之间的界限，公司、贸易协会和大学等当地机构之间的界限也已被打破。科技园高技术公司的合作主要表现在垂直合作和横向互补合作上。诸如大公司和小公司在技术发展和交流项目方面进行互相合作，大公司可得到小公司广泛的技术投入，小公司则可得到市场和信息。同行高技术之间建立横向网络组织，加强信息传输和经验交流。园区公司指导当地企业生产，有的地方企业还成为园区高技术公司的子公司。区外企业还为区内企业承担加工业务等。公司网络的建立，通信和计算机公司出现的空间组织改变了传统的市场和竞争内容，高技术公司之间的联系和合作将更加紧密和广泛。如美国和欧洲的高技术公司表现为沿市场或技术扩散线发展的倾向，而且日本的公司则倾向于合作，甚至形成跨国公司的联盟。

我国为了加强产、学、研之间的协调与发展，在 1992 年开始建立生产力促进中心。生产力促进中心作为一种与国际接轨的主要为企业提供社会化服务的科技中介机构，为推动科技与经济结合，提高企业特别是中小企业的技术创新能力和市场竞争能力，做出了重要贡献，被誉为科技中介服务机构的一面旗帜。

截至 2012 年年底，全国生产力促进中心数量再创历史新高，达到 2281 家。生产力促进中心作为联系政府、科研院所和企业的桥梁，其服务是多方面的：咨询服务、技术服务、信息服务、培训服务、人才和技术中介、培育、孵化科技企业等。2012 年，国家级示范生产力促进中心开展咨询服务 212156 项次；提供信息 10967463 条；提供技术服务 107834 次；培训服务 1141275 人次；开展中介服务 7843 次；孵化企业服务 18240 项次。总体来看，生产力促进中心 2012 年共为 38 万家企业提供了各种服务，为服务企业增加销售额 2535.2 亿元，增加利税 341.7 亿元，为社会增加就业 186.2 万人①，为加强产学研的结合与发展做出重大贡献。

（二）资金筹集机制

高新技术产业既是技术密集又是资金密集的企业，资金是科技园发展的重要因素。这就需要多源头、多渠道来筹集资金。本研究认为世界科技园的主要资金筹集方式有：政府投资、民间投资、外国投资、国际组织的资金援助以及风险资本等。

政府投资主要用于科技园基础设施和研究设施的建设、基础研究、政府计划项目等。政府投资主要包括：一是直接投资，即政府通过预算拨款投资于园区基础设施或者支持某项技术开发。除了美国和欧洲部分科技园政府投资较少外，其他基本上都有政府大量投资，特别是发展中国家和地区的科技园。日本政府的拨款占科技园建设经费的 1/5，其余 4/5 由地方政府和民间企业投资。韩国政府、中国台湾当局、新加坡政府都曾拨出大量经费用于科技园的建设。二是间接融资，即政府通过实行一系列间接手段来支持科技园

---

① 本部分数据均引自科技部火炬高技术产业开发中心：《中国火炬统计年鉴》（2013 年）。

的发展，这主要包括：①合同和采购。政府与科技园内的企业，研究机构或大学签订合同以及收购其科研成果或高技术产品。这是美国政府对科技园支持的主要形式之一，大量的国防军事研究或采购合同奠定了美国128公路和硅谷高技术产业密集区的基本格局。加拿大"北硅谷"和英国M4公路也有类似的情况。②政府发放低息贷款。政府通过银行贷款，既可以利用银行的融资手段，又能通过实施政府优惠利率或贴息等政策支持高技术公司的发展。银行贷款是科技公司获得资金的重要渠道。如日本的中小企业金融金库和民间金融机构专门向高技术公司进行贷款，美国由银行建立中小企业投资公司，向高技术公司进行贷款。③补贴和奖励。政府为高技术公司提供研究开发项目提供配套补贴和额外奖励计划。如美国科技企业通过"小企业革新奖励金"和"城市开发活动补助金"等渠道而受益。日本政府除专用资金外，还积极利用其他一些制度和经费用于补助促进技术城的建设事业。政府以工业再配置促进费补助金的形式支付技术城研究开发机构的事业所必需的资金。台湾当局每年为科学园区内的企业提供"新技术研究发展计划奖助"和"研究开发关键零组件及产品计划奖助"。④增税，通过专门增设"技术密集区税"获得税收款。日本通产省和地方政府通过征收地方税筹集技术城建设资金，而且这是日本政府建设科技城的主要筹资手段，如富山技术城的建设预计耗资40亿美元。即一年2亿美元，富山县通过征收"技术密集区税"来解决80%的经费，10%由中央政府解决，其余由私人捐款以及发行公债来解决。⑤发行债券。如日本通过发行高利率债券，鼓励私人企业向科技园投资；美国的一些州政府也有类似的做法。⑥基金，政府从退休金，养老金，城市发展基金等支出来支持科技园，如英国伯明翰市政府利用城市发展基金开发围绕阿斯顿科学园的周围地带，以发展从科学园孵化出来的高技术企业。⑦风险投资，政府有时直接向企业投放"种子基金"，有时则通过立法，把政府拥有的基金投入风险投资公司。有的政府银行也参与风险投资活动，这在欧美表现得比较明显。

民间投资主要来源于大公司、私人银行、保险公司、个人、大学及慈善事业基金等，美日的民间基金在科技园开发总经费中所占比例较高。日本各个技术城都设有"技术社区基金会"，通过它来吸引各界捐款。英国剑桥地区的巴克莱银行把对当地高技术风险企业的贷款作为主要业务，新创办的高技术公司可随时以发行债券的方式筹集资金。

外资是许多发展中国家和地区科技园建设的重要资金来源，主要有三种情况：一是发展中国家和地区吸引外资建设科技园，如新加坡、马来西亚、印度、中国（包括台湾地区）的科学园区都是以吸引外资为主要资金来源。外资的主要渠道包括直接投资和银行贷款，同时引进先进技术和设备。二是发达国家相互在对方的科技园投资，或为了打入对方市场或为了建立观察点监视对方高技术发展动向。三是有些发展中国家和地区打入发达国家的科技园，建立研究所、实验室、研发公司，目的在于借助当地的优良环境和智力资源，获取技术机密。

风险投资是近年来发展迅速的一种科学技术与金融相结合的投资机制，是科技园的一种主要筹资渠道，是高新技术产业发展的生命线。美国是风险投资的发源地，1946 年创建的美国研究与开发公司（ARD）是世界上第一家正规的风险投资公司。现在美国的风险资本活动非常发达，有各种风险资本基金 4200 多个，风险投资公司 600 多家。1998 年，美国新投入的风险资本就达 160 亿美元，支持项目 1824 个。在美国的风险投资中，投向高技术产业的比例达到 60%[①]。迅速发展的风险投资对推动美国的技术进步和经济发展起到了重要作用。许多重要的科技成果，如 20 世纪 50 年代的半导体技术、70 年代的个人计算机技术、80 年代生物基因技术等都是在风险投资下实现产业化的。一些著名的高技术公司如惠普、苹果、英特尔、微软、雅虎等无一不是在风险资本的支持下发展起来的。风险资本在加速建立高技术产业群、推动科技园发展方面发挥了重要作用。如美国的硅谷就聚集了全美国近 1/2 的风险投资公司和 1/3 的风险资本。世界上许多国家的有识之士认为，与美国在发展高技术产业方面的差距，主要不是科学水平低，而是科技成果转化为产业方面的落后，其主要原因是风险投资的发展落后于美国 10年甚至更长。20 世纪 80 年代以后，欧洲成为仅次于北美的第二大风险投资发展区域，有风险投资基金 168 个，风险资本约 72 亿欧元。此外，澳大利

---

① 卫之奇：《美国高技术产业风险投资》，载于《中国软科学》1999 年第 8 期，第 80 页。

亚、中国台湾地区、以色列等国家或地区的风险资本也比较活跃。总的来说，除美国以外的其他国家和地区，特别是发展中国家和地区，风险资本对科技园的作用还不充分。这主要因为风险投资活动需要有一系列条件和社会环境，其中包括股票市场、金融市场、管理人才市场及政策支持等。此外，风险资本往往出现在科技园发展的中后期，对科技园建设初期的基础设施建设不起作用。即使在风险资本特别活跃的硅谷，其初始阶段在很大程度上是依靠国防和航天工业的政府采购合同。

（三）企业准入机制

世界各国普遍设有由专家组成的遴选委员会或专家小组，就下列条件对要求进入科技园的企业或机构作严格审查：研究方向是否属于高新技术范围；研究开发费占整个业务预算的比例是否较高；拥有的成果或专利是否有商业价值；是否具有开发新产品的潜力；是否对环境造成污染；从事研发人员的比例是否较高。园区不仅接纳高新技术企业和研究机构，同时也接纳风险投资公司、贸易公司、资讯服务公司和教育、培训、财会、法律等方面的服务机构。

申请进入科技园的程序是，先由企业或机构提出申请——说明进入园区的理由、资金及其来源、经营项目及市场条件等，交科技园管理机构，经遴选委员会评审确认，由科技园最高决策机构批准，而后与管理机构签订合同入园。

（四）要素流动机制

一般认为，在所有具有相同生产条件的地区，劳动力将从低工资区流向高工资区，资本从高工资区流向低工资区。技术则分为两个部分：有形技术和无形技术。有形技术包括技术设备，专利技术，原材料和半成品，随着资本的流动而流动；无形技术主要是掌握技术的人才，尤其是具有知识产权的科技人才和高级管理人才，他们随着劳动力流动而流动。在建园初期，由于工资水平不高，促进了资本和有形技术在这一地区的快速流动。随着园区研究开发机制的建立和工资水平逐年上升，无形技术人才迅速向园区集聚。就园区内部而言，当建成较多的科技公司时，工资水平出现两极分化，进一步刺激科技人员向高工资、高回报的公司流动。所以说，由于科技园的高技术特性，资本、人才和技术的流动较一般区域快得多，具有超流动性特征。

在此要强调的一点是，科技人员的流动对科技园的发展至关重要。科技人才流动包括园区外向园区内流动和园区内部之间的流动。前者包括科技人员创办高技术公司，从事技术咨询和技术顾问、合作研究、定期流动（研究人员到公司任职）；后者主要是指科技人员的"跳槽"。此外，风险投资退出机制也非常重要。风险投资是在高技术产业化的特定阶段起作用的中短期行为，即在产品生命周期中的导入期与成长期的中后期之间起作用的。风险投资是在科技企业家运用自己的技术和少量的资金使自己的新设想已初具雏形时才介入的。而当产品进入稳定、大批量生产后，则高价转让股权后退出，转而寻找新的生长点。风险投资公司很少长期留在一个成熟的企业内。一般来讲，科学园区高科技公司几乎都是股份制公司，上市率较高。

（五）风险投资机制

风险投资在各国的表现大致可以分为三种模式：一是美国模式。美国是世界上风险投资最为发达的国家，美国的风险投资机构以私营风险投资公司为主，养老金是私营风险投资公司资金的最主要来源。二是日本模式。日本的风险企业主要从隶属于大集团的风险投资公司和银行获得资金来源，日本的风险投资公司都为大公司、大银行控股，日本的风险投资是以大公司和大银行为主体的模式。三是西欧模式。西欧各国政府在风险投资中扮演了重要的角色，形成了以国家风险投资行为为特征的模式，从风险基金的内部结构来看，政府和银行资金占了较大比重。

1. 美国的风险投资

风险资本20世纪40年代出现于美国，50年代开始起飞。70年代以前，美国的风险资本主要由富有的家庭提供。70年代末，美国政府修改规定，允许养老金参与风险投资，迅速扩大了风险投资的供给。90年代美国在高新技术领域，特别是软件、通信、生物等领域取得了一系列创新成果，为风险投资提供了机会。繁荣的风险投资促进了高新技术的迅速发展，形成资金、技术的良性循环。经过近 60 年的发展，美国现已成为规模最大的风险投资国。

从美国的风险资本供给结构看：退休基金占 47%，捐赠和基金会占 21%，个人及家庭占 12%，保险公司和其他公司各占 9%，外国投资者占 2%。机构投资是风险资本的主要来源。从风险投资的对象来看，美国的风险资本与欧洲和日本相比，更集中于高新技术企业。美国风险资本管理企业是特殊的投资银行企业，其管理的资本规模一般较小，相当部分风险资本企业的资本规模小于 1000 万美元，平均规模大约 5500 万美元。尽管近来每笔业务所要求的投资越来越大，风险投资企业依然偏向于小型化以保持其高效率和灵活性。

美国风险投资发展的成功经验主要有以下几个方面：

一是提供多种融资渠道，推动高技术企业产业化。美国的风险投资主要集中在高科技领域，特别是高科技工业产品方面。在美国，有 90% 的高科技企业是按照风险资本模式发展起来的，这些企业已成为近几十年来美国经济增长的重要源泉，如数据设备公司（DEC）、英特尔（Intel）、戴尔（Dell）、微软（Microsoft）、思科（cisco）等。20 世纪 90 年代风险投资公开上市（IPO）比 80 年代有明显上升。在风险投资后期，有的风险企业开始走向公众公司以筹集更多的资本，同时也为风险投资家退出企业创造了条件。

二是培养一批优秀的风险投资家。风险投资公司机构队伍精简，对于各级经理要求很高，只有美国金融界的精英才有可能进入风险投资公司工作。每年硅谷风险投资公司招聘的经理只有 30 人左右，可是每个岗位申请人数达到千人左右，竞争异常激烈。风险投资带来的商业刺激非常吸引专业人士。但是，由于风险投资公司的极端专业化要求，需要应聘人员具有相当高的知识水平和人力资源积累。

三是严密的风险投资组织结构。风险投资公司实际上是一种有限合伙制的创业投资公司。其合伙人分为两大类：有限合伙人（Limited partnership, LP）和普通合伙人（General partnership, GP）。有限合伙人是风险投资的真正投资人，他们提供了风险投资公司的基本投资来源。有限合伙人包括：富有家庭和个人、养老金、捐赠基金、投资银行、其他非金融公司等；普通合伙人就是通常所说的风险投资家，也就是资金的经理人员。

四是风险投资公司参与企业管理，提供广泛的咨询服务。风险投资家不仅向高技术企业投资货币，而且还要提供增值投资，辅助企业管理，类似于管理顾问公司的作用，监控企业的运行。风险投资家对于如何运作一个初创的科技企业具有极为丰富的经验。拥有这些经验，风险投资家就能帮助初创的科技企业逐步认识到其成长过程中通常要面临的产品、市场和利润分配问题。风险投资基金的行业知识和实践经验都会对初创技术企业的管理有很大帮助。一般而言，风险投资公司的投资过程分为四个阶段：第一阶段，选择投资对象，包括获取必要的信息并评估其潜在的投资价值；第二阶段是组织投资，确定投资结构，即确定投资的类型和数量，并讨论投资协议的具体条款，这些条款会影响有限合伙公司对创业企业经营管理的干预能力。第三阶段是监控投资，即积极参与企业的管理，通过在董事会的席位和其他非正规的渠道，有限合伙公司的经理人控制并扶持被投资企业的发展。第四阶段是将所投资的企业公开上市或转让所持有的股份，因为有限合伙公司的存续期有限，并且投资者希望以现金或流通的证券作为回报，所以这种退出策略是投资过程中必不可少的一环。

五是保持退出渠道的畅通。美国风险资本的发展与股票市场是密切相关的，美国企业平均设立6年就可公开发行上市，企业上市是风险资本退出的主要途径。将风险投资企业卖掉，也是风险投资退出的一种重要方式。虽然小企业在进行技术创新阶段占有优势，但要大量生产和将产品推向市场，经验丰富的企业集团将占有绝对优势。所以把一个初创技术企业卖给市场经验丰富的大集团对整个社会来讲是有效率的。因此，伴随着美国20世纪90年代的购并浪潮，风险投资企业的购并事件不断增多。从购并行业看，通信、计算机、医疗健康业的购并占了较多比例。

2. 美、日、欧风险投资模式比较

（1）美、欧风险投资模式比较。

欧洲风险资本与美国相比有两个显著不同点。其一，欧洲风险资本的投资项目中主流工业占了很大比重，对高技术产业的投资不足20%，而美国风险资本对高技术产业的投资则达到90%。其二，银行是欧洲风险资本的主要供给者，而美国风险资本的供给者是退休金、私人投资者和保险公司。在欧洲国家中，只有英国的退休金已成为风险资本的主要来源。资金来源的不同对风险资本的发展有重大影响。由于银行的投资相对于退休金和保险来说是短期的，他会影响投资的类型和性质。欧洲风险资本的来源上的缺陷在一定程度上阻碍了欧洲风险资本的发展。

与美国相比，欧洲风险资本市场的发展要滞后很多。欧洲普遍存在着一种观点：由于没有一个像美国纳斯达克（NASDAQ）那样的股票市场，欧洲高成长性小企业很难通过股票发行上市获得发展所需资金，只能通过借债，其结果是不健康的高负债率严重制约了高成长性小型企业的发展。欧洲委员会在 1995 年的宣告中表示：传统的欧洲股票交易市场偏重于为大公司服务而忽略了小公司。由于缺乏为小公司服务的股票市场，越来越多的欧洲公司到美国的股票市场，尤其是纳斯达克上市，这种状况不利于欧洲金融服务业的发展。更为严重的是，上市困难使风险资本不易退出，影响了风险资本产业的发展，阻碍了新生企业的发育和成长。

（2）美、日风险投资模式的比较。

美、日两国的风险投资公司的资金来源差异很大，日本的风险投资公司大半由证券公司、银行、保险公司投资，因此多属于广义金融机构的投资企业。投资的资金约有 3/4 属于自有资金，以基金方式筹集的资金仅占投资资金的 1/4。由于资金来源不同，导致两者的投资行为也明显不同。美国的风险投资偏好于投资高技术企业的创业期，追求高收益，所投资的高技术行业主要有生化科技、通信、电脑软件与医疗保健、能源、机械等。日本的风险投资公司大多数是由金融业投资者设立的，投资对象倾向于风险较小者。据研究开发型企业培训中心调查统计，投资于创业未满 5 年的比例仅占 16%，对设立 5 年以上 10 年以下的企业投资比例占 21%，对设立 10 年至 20 年的投资比例占 27%，对设立 20 年以上者则高达 36%。相对的，美国投资与初创时期企业的比例近 30%，几乎是日本的两倍。造成这种差别的一个重要原因是由于日本企业股票在公司成立平均 30 年后才上市，而美国企业平均设立 6 年便可公开发行上市。

美、日两国风险投资资金的流动性差异很大。美国创业板股票市场中，90% 的风险投资公司为独立的企业，一般的非金融企业和个人积极介入风险投资活动，一半以上资金来源于养老保险金（日本一直禁止养老金基金进行风险投资），一大批风险投资专家活跃在投资领域，对所投项目从提供技术、管理、营销、财务到融资和上市公司等一揽子综合性的支持，由于美国企业平均创立 6 年便公开发行股票上市，投资资金的投资流动性较高，很多几年前名不见经传的企业今天通过股市融资而飞速发展，成为全球知名的顶尖公司和一流企业。美国高科技产业的发展，是以如下三大要素的共同作用为基础的：产品的研究与开发、风险投资基金、创业板股票市场。在运行过程中，三大因素相互促动，相互推进，产生出一种风险投资基金流动的良性循环。在自由的科技和商业活动的大背景下，科技人员不断地进行高科技产品的研究与开发，源源不断地将各种科研成果提供给社会；当投资的项目运作成功并达到特定的财务标准后，通过投资银行的介入，项目公司便可以较为迅速的在股票市场公开挂牌上市。通过公开上市，项目的科研人员和作为初始投资者的创业基金，可以获得高额的创业利润，并且项目的投资具有更大的可流动性，项目的进一步发展具有更加广泛的融资基础。这些又进一步推动和刺激了科研人员的研究开发活动和风险投资的投资活动，形成良性循环。日本模式具有两大特点。第一，在为高科技企业早期发展提供支持的风险投资中，投资公司主要由银行业和证券业投资设立，多为某一企业集团的成员公司，投资以自有资金为主，对所投资项目仅提供金融方面的支援，技术评价能力较弱，投资对象倾向于风险不高者，并且由于日本企业股票公开上市平均在公司成立 30 年后，风险投资基金的流动性不强。第二，高科技企业步入成熟阶段之后的外部融资，以银行等金融机构的贷款这类间接融资为主，资本市场和股权融资的作用几乎被完全搁置在一旁。

各国政府对风险投资业采取了种种鼓励措施和扶持政策，主要有：（1）直接参与。美、日、英、德等国政府都成立了风险投资公司，风险资本基金直接参与风险投资活动。政府主要向私人风险投资公司不愿投资的，风险更大的高新技术领域投资。（2）税收优惠。如美国曾两次降低风险投资的税率，使税率从 49% 下降到 20%。（3）贷款担保。如美国、英国、德国、加拿大都对高技术企业提供贷款担保。（4）放宽限制。如英国政府允许风险投资企业把自有的各项补贴用于再投资，允许风险投资公司将养老基金和银行自有资金的 5% 作为风险资金，从而为风险资金开辟新的来源。（5）开辟二板市场。如美国、英国、法国、日本、德国等都通过这一方式迅速地增加风险投资。

风险投资机制还包括风险投资退出机制。一般来说，风险资本的退出方式包括公开上市，并购和清算。所谓公开上市就是将高技术风险公司进行股份化，在证券市场公开发行公司股票并上市流通。并购有两种方式：一是被大公司收购；二是企业回购。而清算是在公司解散或破产时才进行的。

从各国科技园的情况来看，从事高技术产品开发的绝大多数是小型公司。在硅谷，50 人以下的小公司占公司总数的 85%。为了帮助创业者创办风险企业，企业孵化器便在科技园内应运而生，并且成为各国科技园的重要组成部分。

（六）人才激励机制

对于高新技术产业而言，有两种能力非常重要：一是创新能力；二是企业家能力。这两种能力主要以人力资本的形式存在，所以激励创新和企业家才能的机制就成为高技术企业人力资源管理的一个重要课题，要求企业在报酬机制上采取有效的激励方式。传统产业的激励方式主要是工资等现金型报酬，而世界上比较成功科技园的高技术公司则普遍采取股权型报酬（优先购股权），包括奖励股份和授予股票期权等。我国的高新技术企业也有部分采用了股权型报酬作为主要激励方式。

优先购股权（employee stock options），又称股票期权或股份选择权。期权是一种契约，其持有人有权在将来的某一时间内，以一定的价格向对方购买一定数量的标的物。优先购股权，是指公司给予员工在未来一定时期内以预先约定的价格购买本公司一定数量普通股票的权利。优先购股权能把个人未来的财富同当前业绩、个人利益和公司长期发展有机联系起来。优先购股权配合股票上市，对高级科技人员具有巨大的诱惑力和吸引力。

经营者股票期权制度具有五个基本要素。

第一，股票期权的授予对象，即股票期权的所有者。由于股票期权是用来激励公司高层领导者或核心人员的一种制度安排，因此，股票期权的授予对象一般是公司的高级管理人员，包括公司的董事长，公司总裁及一些高级管理人员、董事、监事、再加上那些具有特殊作用的技术科研人员等。在美国，对于核心层（包括董事长、总裁）授予股票期权一般占7%，顶尖经营管理人员（副总经理、财务总监一级）授予股票期权一般占22%，对公司整个中上管理层授予的股票期权一般占42%，对公司中等管理层授予期权一般占19%，其他占10%。

第二，股票期权的授予期限，即股票期权的有效执行期限。一般地讲，股票期权不能在授予后立即执行，否则就失去了期权未来性的激励效果。股票期权的有效期一般定为3~10年，通常需要在授予期结束后一段时间后才能行权。其主要方式有：可能在行权执行日结束后方可实施行权；可能是行权期内每年执行一定比例的均速行权（比如在5年中每年授予20%的行权）；也可能在每年执行加速行权（比如第一年行权10%、第二年20%、第三年30%、第四年40%）。同时，由于股票期权是一种买方期权，延长到期时间，意味着单位数量股票期权价值的上升。股票期权在合同生效到有效期这段时间，不具有流动性，收益人不能向其他人转让。

第三，股票期权的行权价格，即股票期权的施权价。所谓施权价，就是股票期权所规定的经营者据以购买股票的价格。股票期权的执行价格确定方式一般有三种：一是现值有利法，即施权价高于当前股价；二是等值有利法，即施权价等与当前股价；三是现实不利法，即施权价高于当前股价。低于现值的期权，实际上是向期权持有者提供优惠或者福利，有可能对原有股东股权产生稀释，侵占原有股东利益，失去股票期权的激励目的。高于现值的期权，往往适合于公司看涨的情况，会对管理者产生很大的压力。

第四，股票期权的购买数量，即期权收益人根据契约可以购买股份的多少。根据企业规模的大小，期权数量也有所不同，一般占总股本比较小的比例，在1%~10%之间。股票期权比例过大，则会导致收入分配不均或加大收入风险；过小，又不能形成激励与约束机制。通常的做法有：一是根据所要达到的目标决定期权数量。如规定到2018年股价达到20元，就授予100万股；股价达到15元，授予40万股；股价达到12元，授予10万股。其优点是可以确定准确的回报，不足是需要制定详细的回报计划，甚至有操纵股价的可能。二是通过利益经验公式由计算期权价值推出期权数量。即期权分数 = 期权薪酬的价值/期权行权价格×5 年平均利润增长预测。例如预计 5 年平均利润增长幅度为 10%，期权的执行价格为 1 元，则每份期权的价值为 0.1 元；根据经验，期权酬金的总价值为 100 万元，两者相比，则期权份数为 1000 万份。三是以年薪收入的一部分购买一定数量股票发给企业经营者，其前提条件是经营者年薪收入较高，能够运用经营者收入购买一定数量的股票而产生激励。

第五，股票期权的保护条款。股票期权制度一般还包括期权结束条件和保护条款，即期权持有者的自愿离职、退休、丧失行为能力、死亡、公司购并、资产出售、董事会变更、破产等条款。

经营者股票期权是一种激励企业高层领导者和普通员工的制度安排，相对于其他激励方式，具有以下显著特点：一是股票期权是一种权利而非义务。股票期权是公司所有者赋予经营管理者和员工的一种特权，在期权有效期内，期权拥有者可根据自己的意愿选择决定是否购买，即行使期权，公司不能进行任何强行干预。二是股票期权不能免费得到。企业经营者和员工要得到股票期权，必须支付"施权价"（期权所规定的经营者据此购买股票的价格）。股票期权不同于送"干股"。"干股"是无偿赠送的，他不需要支付现价或未来价。"期权"则是用现价来购买未来的股票增长。三是股票期权是个未来概念。股票期权的价值只有经过经营者和员工的努力使企业得以发展和股票上涨后才真正体现出来，期权收益人才能真正获得收益。四是股票期权激励与约束并存。经营者和员工股票期权的激励逻辑是：提供期权激励——经营者和员工努力工作——实现企业价值最大化——企业股票价格上涨——经营者和员工行使期权获得收益。相反，经营者和员工不努力工作——企业股票下跌——经营者和员工利益受损。无形之中，股票期权既激励经营者和员工，又约束了经营者和员工。五是股票期权收益与风险同在。期权拥有者收益来源于企业未来的预期，但未来是不确定的，受许多不确定因素的影响。显然，期权拥有者既有可能获得收益，又承担着风险。

股票期权制度在很大程度上解决了企业代理人激励约束相容的问题，被普遍认为是一种具有优化激励机制的制度安排。

第一，促使管理层和员工注重股东价值。经营者和员工股票期权制度的实行将使企业所有权结构发生重大变化，原先支薪的经营者和员工正逐渐成为企业的重要股东。由于管理层和员工的持股，管理层和员工自然会将其自身利益和其他股东的利益紧密联系起来，促使管理层和员工更多关注股东的价值和公司的长远发展。20世纪90年代以来，股东价值最大化已被普遍接受为衡量管理层和员工业绩的基准，并且被越来越多地运用于评价整个公司的每一个活动，使企业出现了降低运营成本、简化组织结构、注重核心竞争优势、分析非盈利业务经营趋势。ESO以股价长期升值所产生的差价作为对企业家人力资本的补偿，从而使企业家才能作为生产要素参与企业利润分配，将股东利益和管理者、员工的利益紧密地联系起来，实现了管理者、员工和股东之间的"激励相容"（Incentive Compatibility）。

第二，降低企业的直接激励成本。当高层经营管理者和员工被授予股票期权时，公司支付给高层经营管理者和员工的仅仅是一个期权，公司并没有现金流出，股东激励成本就是给予经营管理者和员工从股价上涨中分享资本所得的权利，但是股价上扬是股市运作的结果，因此现有的股东可免于承受直接激励成本。换句话说，期权就是"公司请客，市场买单"。具体来讲，股票期权制是以一定价格授予经营者和员工本公司的股票和给予未来购买股票的选择权，即在签订合同时给予管理者和员工在未来某一特定日期以签订合同时所确定的价格购买一定数量公司股票的选择权（Option）。持有这种权利的经营管理者和员工可以在规定时期内以股票期权的行权价格（Exercise Price）购买本公司的股票，这个购买过程为行权（Exercise）。在行权以前，股票期权持有人没有任何现金收益。行权以后，个人收益为行权价与行权日股票市场价之间的差价。经营者可以自行决定在任何时候出售行权所得股票。一般来讲，公司股东会在投资合约里要求给予经营者和雇员较少的薪水，以免投入的资金被用来过多的发放工资，然后以股票期权为补偿。特别需要指出的是，股票期权并不构成对公司盈利的分享乃至对公司股东形成任何风险或损失，甚至无须在公司资产负债表中显示出来，其价值只有当企业形象改善与长期盈利能力提高后才能在公司的股价的上升中得以体现。因此，股票期权被认为是激励效果最为明显的公司管理层和员工激励工具，也被称为是最为先进的激励手段。

第三，解决经营者和员工长期激励问题。一般来讲，企业经营者和员工报酬主要分为长期报酬和短期报酬两大部分。其中短期报酬包括工资和奖金，长期报酬包括股份分红和股票期权。在发达国家，长期报酬占据了经营者报酬的主要地位。工资和奖金一般根据当期的企业业绩来确定，是一种短期激励措施，容易导致经营者和员工过度关注短期业绩、行为短期化问题，形不成对经营者的长期激励。因此，要解决经营者和员工的长期激励不足的问题，就必须调整经营者和员工当期激励与长期激励的报酬比例，相应减少其基本收益部分，扩大股票期权激励等报酬所占比重，按照股票期权的运作机理，当行权价一定时，行权人的收益与股票市场价格成正比。而股票价格是股票内在价值的外在反映，在变动趋势上两者是一致的，股票价值是公司未来收益的贴现，于是经营者和员工的个人利益就与企业的未来发展建立起一种相应关系。在这种背景和制度安排下，经营者不但要关心公司的现在，更要关心企业的未来，经营者和员工若想执行股票期权而获得收益，其必要条件是公司业绩和工作业绩优良，股价不断上涨。相反，若公司业绩一般，股票价格不断下跌，甚至跌破施权价，那么经营者和员工只能选择放弃期权收益，因而股票期权制在内在制度安排上将经营者和员工预期收益与公司发展紧密结合起来，从而克服了工资和奖金只能提供短期激励的弊病，所以，股票期权被高技术公司所普遍采用。

第四，增强企业薪酬的激励效果。有效的薪酬制度，能够激励经营者和员工最大程度的为股东利益工作并提高公司业绩。从 20 世纪 70 年代中期起，学术界就开始对薪酬制度是否能有效地激励管理层和员工进行了实证研究。早期的研究结果表明，管理层和员工获得的高额工资和奖金并未使其努力工作改善公司的经营效益，即使在公司业绩下降的情况下，管理层仍给自己提高报酬。然而，近年来的实证研究结果表明，在股票期权这一长期激励机制广泛推广背景下，管理层和员工收入（特别是其中的认股权部分）和公司业绩，以及股东价值之间的相关性开始加强，薪酬激励效果也开始加强。股票期权的实质是从股票价格中提取股票市场对公司业绩和增长潜力的评价信息，并借此对管理层和员工提供激励，形成良性循环：ESO 提供利益激励

—管理层和员工更积极工作—公司业绩上升—公司股价上升—ESO 提供激励。与衍生市场上的股票期权相类似，ESO 是一种选择权利，经营者和员工可以根据股价的市场来决定是否行使认股权。ESO 的价值取决于未来的股价水平，只有当股价发生较大幅度的上涨并超过执行价格后，经营者和员工行使 ESO 时才能获得收益，并且股价上升幅度越高，经营者和员工的行使收益也越大，从而大大增强了薪酬激励程度。

第五，降低公司的委托—代理成本。所谓委托—代理成本主要是指股东与经营者之间订立、管理、实施的那些或明或暗的合同的全部费用。在现代企业制度下，企业所有权与经营权分离，实质上形成了一种委托—代理关系，所有者作为其财产的委托人，必须支付给代理人一定的费用。这种代理费用包括以薪金和红利支付给经营者的显性成本和由于经营者过失造成企业发展损失的隐性成本。通过股票期权，将经营者的报酬与公司的长期发展业绩或某一长期财务指标紧密联系在一起，所有者就无须密切注视经营者是否努力工作，是否将资金投入到有益的项目上，是否存在追求自身利益最大化而损害股东利益的情况，从而有效地降低公司的委托—代理成本。股票期权制度设计，是以预期期权收益诱使经营者努力工作，追求公司市场价值的增大，在追求公司价值不断增大的同时，使自己的收益不断提高。而工资和奖金的主要决定因素是会计利润，从而在经营者管理绩效的评价机制上存在一些弊端。如会计利润比较容易受到操纵，管理层可以通过大幅度削减研究开发经费而提高当期会计利润。此外，业绩衡量标准的制定过程也容易受到管理层的影响。而在 ESO 制度下，公司支付给高层管理人员的是从股价上涨中分享资本获得的权利，经营者实施期权所获得的未来收益是在市场中实现的，受益的大小即管理者的贡献价值是由市场进行评价的。这既客观公正，又成本低廉，使所有者与经营者之间的委托与代理关系简单化，其成本相对降低。换句话说，股票期权使所有者对企业经营者的约束由外部变为内部，成本降低，而效果却提高了。

第六，吸引并稳定更多的高层次人才。在经营者和员工报酬结构中，股权报酬比现金报酬的激励效果优势更加明显。企业家和高级人才作为社会的稀缺资源，企业委托人要使用这一资源就要支付较高的成本。如果还是采取像过去发工资和奖金这样的现金性报酬制度，无疑难以吸引更多企业所需要的高级人才。而如果采用像股票期权那样的激励制度，不但可以降低企业成本，而且可以吸引并稳定人才，由于企业支付给经营者和员工的仅仅是一个期权，是一种不确定性的未来收益，是将未来预期财富以期权的方式转移到经营者和员工手中，在期权的执行过程中企业始终没有现金流出。具体来讲，如果实行期权，股价一旦下跌，经营者和员工的损失是有限的，而如果股价上升，那么就获利较大，同时，经营者和员工在实施期权后离开企业，也可以通过股权来分享企业成长的收益。所以，期权对经营人才和员工的吸引力远比现金报酬大。同时，股票期权是以股权为纽带，通过期权制的附加条款设计，联结经营者和公司的关系。国外通行的做法是规定股票期权授予几年之后方可行使，并且在未来期权持续期内，按均速或非均速分期分批的行使。这样，经营者和员工在期权持续期内离开公司，将丧失部分尚未行使的剩余期权。无疑加大了经营者和员工离职的机会成本，因而成为稳定与约束公司经营者和员工的"金手铐"。

当然，要实行优先购股权制度，还必须有相应的配套制度安排，如明晰的产权制度、健全的公司财务制度、科学的绩效考核制度和完备的法律制度。

二、中国高新技术产业开发区运行机制分析

中国高新区运行机制与世界科技园运行机制的差异集中体现在风险投资机制上，本节侧重对风险投资机制进行比较分析。

与美国庞大的风险投资业相比，中国的风险投资业历史较短，处于快速发展期。中国风险投资发展历程及重要事件如下：

1985年，国务院正式批准成立了中国第一家风险投资机构——中国新技术创业投资公司。

1999年，科技部"科技型中小企业技术创新基金"正式启动。

1999年，国家科技部、计委、经贸委、人民银行、财政部、税务总局、证监会七部委联合出台《关于建立风险投资机制的若干意见》。

2002年，科技部、商务部、国家开发银行等联合启动了首次"全国创

业风险投资年度调查"。

2011年，科技部、财政部、国务院国资委、一行三会、税务总局等八部委联合出台《关于促进科技和金融结合加快实施自主创新战略的若干意见》。

2012年，中国风险投资市场共发生投资1071起，投资总额73.20亿美元，比2011年分别下降28.8%和43.7%。尽管2012年投资较中国创业投资历史最高峰的2011年有所降低，但相比前几年，风险投资市场投资案例数和金额均呈现增长态势（见图6-1）。

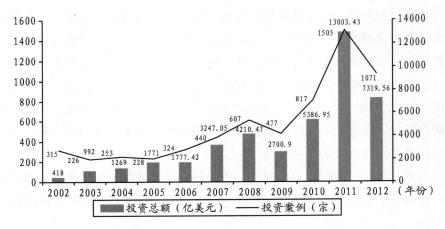

图6-1　2002~2012年中国风险投资市场投资规模及投资案例数

资料来源：清科研究中心《2012年中国创业投资年度研究报告》（2013）。

2012年，中国创投市场所发生的1071起投资主要分布在22个一级行业中。其中，互联网、生物技术/医疗健康、电信及增值业务、机械制造行业获得最多投资，投资案例数分别占15.13%、11.58%、9.62%和9.43%（见图6-2）。

我国的风险投资近几年发展迅速，主要原因是：首先，1999年为了加速高新技术产业的增长，中央和地方政府建立了中小企业技术创新基金，同时颁布了一系列政策，促进了中小企业技术创新的快速发展，为风险投资业增长提供了巨大的发展潜力。"十二五"时期，中国风险投资行业发展迅猛，无论是中央还是地方层面，均加大了对风险投资的扶持力度，营造出有利的政策环境。其次，创业板与中小板的设立，使投资于高新技术企业的创业风

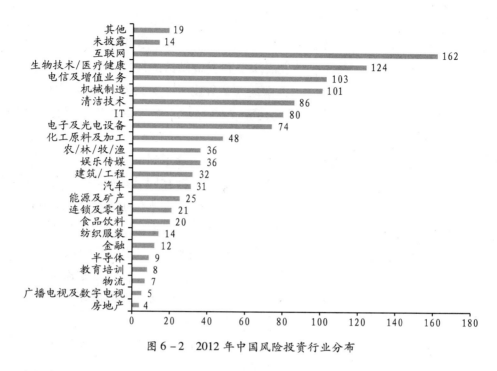

图 6-2 2012 年中国风险投资行业分布

险投资拥有了更广的退出渠道，成为培育高技术企业的重要聚集地。最后，风险投资的资金来源多样化。国有创投发展的困境有所突破，2010 年 10 月，《关于豁免国有创业投资机构和国有创业投资引导基金国有股转持义务有关问题的通知》政策出台，创业投资行业和政府部门之间的良性互动关系开始形成。近年北京、上海等地相继发布了关于外商投资股权投资企业的试点办法，在一定程度上打开了外资在中国境内直接投资的通道。目前，一些国内上市公司也正在成为风险投资的战略投资伙伴。发展高新技术产业，加快风险投资的发展已成为国人共识。

1. 中国科技园区风险投资存在的问题

我国的风险投资业与发达国家相比起步较晚，近年虽然取得了较快发展，但在发展过程中仍存在一些制约因素，具体表现在以下方面。

（1）风险投资规模较小，尚不能在高科技产业化方面起到主导作用。

科技园区创业企业在发展初期，资金瓶颈问题一直表现得比较突出。由于企业开发创新阶段的高风险性，商业银行的信贷融资受到制约，以权益性融资为特点的风险性资本和创业资本的引入十分必要，其作用至关重要。然而，受制于我国风险投资业整体发展水平和资金供给的短缺，风险投资在大学科技园区的规模十分有限。以西南地区某科技园区网站公布的某一时段风险投资供求信息为例，需求的项目数量有 60 余项，能提供的资金笔数仅十余项。项目需求资金规模与资金供给规模也存在较大缺口。

（2）风险投资使用效率低下，资金与项目结合不到位

目前在科技园区政府主导型的风险投资模式存在固有缺陷：一是政府财力有限，其财政支出的低风险性与风险投资的高风险性存在矛盾；二是国有企业由于产权主体缺位而产生的代理人问题及管理效率低下在国有风险投资机构中表现得较为突出；三是政府提供的科技创业基金使用渠道不畅，由于对园区科技成果及项目的评估制度不够完善，政府审慎提供的基本态度使得本来就十分有限的创业资金不能得到充分利用，资金与项目擦肩而过的现象时有发生。此外，纵然有投资意愿强烈的民间风险资本，也常常因为缺乏对项目技术水平、投资前景和风险进行正确评估的眼光和能力而止步不前。

（3）风险投资相关中介机构发展滞后。

科技园区风险资本市场所需的特殊中介服务机构如行业协会、标准认证机构、知识产权评估机构等还相对缺乏，投资中介机构人员素质良莠不齐以及信用体系不完善也成为风险投资发展的障碍之一。一些中介机构缺乏职业约束机制及职业道德规范，存在为金钱驱动而提供虚假评估报告的现象，使中介机构的可信度、可利用度大打折扣。在这种情况下，风险投资者往往需要做很多自己专业以外的事，降低了风险投资的效率。并且由于中介机构发展滞后和中介服务不规范等问题造成资本和项目双方信息交流方面的不充分，这种信息不对称有时会导致风险投资企业战略性市场决策的错误，妨碍科技园区风险投资市场的发展。

2. 科技园区风险投资的发展对策

一是积极发挥政府对风险投资的宣传、引导和带动作用，大力发展民间资本为主的风险投资。①政府通过各种媒体大力宣传、普及风险投资知识，帮助人们消除思想障碍，培养风险意识，树立正确的投资理念；高收益与高

风险是对立统一的，只有敢冒风险、敢于拼搏才能取得成功。通过介绍国外成功的经验，提高人们参与风险投资的积极性。②尽快制定和出台促进风险投资健康发展的法律体系，创造有利于风险投资的内在机制的重新安排和民间资本的大量引进的法律环境。③ 逐步放宽保险基金、养老基金等机构投资者介入风险投资的限制，多方面动员社会闲置资金，拓宽风险投资的资金来源。目前我国社会保障体系日益完善，保险事业正蓬勃发展，保险资金和养老金的规模不断壮大，因此无论从国外成功经验看，还是从盘活资本，拓宽投资渠道和提高投资回报率的角度看，视时机逐步放宽市场准入限制，允许一定比例的保险基金和养老基金进入风险投资领域是十分必要的。同时，鼓励上市公司、证券公司、银行、私营企业、富裕个人以及境外资本进入风险投资。④随着风险投资事业在我国的不断发展，政府应逐步降低对这项事业的直接参与作用，通过正确的引导性和鼓励的政策（如税收优惠、风险补偿、优惠贷款、风险企业的信用担保、风险企业的政府采购等）发挥引导、扶持、带动作用，进一步发挥市场配置资金的作用，不断完善风险投资市场机制自身运作规律。当然在风险投资发展的过程中，内幕交易、操纵市场、违规操作等不规范行为可能发生，因此政府有必要通过法律政策对其进行规范和监督，从而降低投资风险和市场风险，使风险投资行业能够健康成长。

二是努力加大科技资源的开发力度，加强科技成果向生产力的转化，为风险投资的发展奠定坚实的基础。一个国家不但要具有丰富的科技资源，而且要具有科技转化为生产力的创新机制，才能为风险投资创造出足够的有效需求。我们要继续加大科技投入，在科技研发政策和启动资金上予以有力支持；鼓励各科研机构的研发活动、创业活动、企业的技术创新活动，加强科研机构与企业之间的有效交流和紧密合作；同时兴办风险投资的项目市场，在风险企业和风险投资机构之间构架桥梁，解决"有资金没项目"或"有项目没资金"的问题，努力为风险投资开辟一个选择技术资源的广阔空间。

三是加强人力资本投资，积极培育高素质人才，为风险投资发展输送优秀的技术创新人才和风险投资家。第一，加强教育产业投入，加大高等教育改革力度，注重跨学科、宽领域的课程设置，增强解决复杂实际问题的能力；第二，按照优势互补原则，组建产、学、研联合体，高校利用其在人才、科研的优势为产业部门培养人才，实行双向人才交流；第三，派遣人员到风险投资发达国家学习经验，并制定优惠政策，鼓励留学人员回国创业；第四，进一步改善投资环境，吸引国外优秀的风险投资家和风险投资机构到我国投资。总之要在重视开发和培养本国人才资源的同时，大量引进国外相关人才，以壮大风险投资人才队伍，解决"人才瓶颈"，提高风险投资业的发展水平。

四是建立健全风险资本的退出机制。国外发展风险投资的经验表明，健全与完善的退出机制是风险资本获得高额回报、激励风险投资持续健康成长的决定因素之一。针对我国风险资本退出渠道不畅的状况，逐步建立 IPO、股权转让、并购、管理层收购、回购等多样化的退出渠道，多元化退出方式是市场发展的必然趋势。近年来中国并购市场有了长足发展，在活跃度和市场规模两方面都增长迅速。并购退出作为欧美 VC 主要退出方式，未来其在国内 VC 机构退出中也将占据越来越重要的地位。第一，努力加快各类产权交易市场的建设，进一步规范与完善各地的区域性产权交易所，在此基础上联网形成全国统一的产权交易网络，使产权市场走向成熟，以完善我国风险投资退出渠道。第二，充分利用主板市场。经营业绩良好的成熟的风险企业可利用主板市场实现借壳、买壳上市，不失为一种有效的但只是间接或辅助的退出途径。借壳、买壳的关键是通过股权交易，控股上市公司，对上市公司进行资产重组，注入风险企业的资本、技术、业务等优良资产，使风险企业的资产价值在上市公司得以体现。第三，利用海外证券市场，鼓励和支持风险企业到境外上市，为风险资本的退出寻求更加广阔的市场。

五是加快风险投资内部的制度创新，着力构造新的经营机制，完善有效的监控机制，控制道德风险。首先，加强风险企业产权制度的建设，促进风险企业的产权清晰，只有在此基础上，风险投资才能明确对风险企业经营管理的监控权利，实现产权约束。其次，通过有效的契约与制度安排，规范风险企业法人治理结构，建立健全责权利制度，完善内外部责任追究机制。最后，实行年薪制，并逐步引入股票期权及高额退休金等长期激励措施，激励风险企业经理人员管理行为长期化。另外，建立风险企业经理层人才市场，培养经理阶层的内在激励动力，为风险企业家资源的优化配置创造宽松的市场环境。

六是大力培育风险投资的中介服务机构。一方面，规范风险投资中介机构的行为，提高自身的权威性和公正性；另一方面，加强中介机构执行特殊职能的能力，保证信息的充分性和真实性，真正成为风险投资主体、参与者之间的信息沟通的桥梁。发展高新技术产业离不开风险投资，发展风险投资需要外部环境的培育和支持以及内部机制的健全与完善。我国现阶段风险投资的发展还不很完善，因此要结合本国国情，大胆吸收和借鉴美国等发达国家的经验，加快风险投资业的发展，进而推动高新技术产业的新一轮发展。

科技园制度与非制度因素的国际比较

一、世界科技园的制度因素

（一）世界科技园的立法

法律、法规是保障和促进科技园建设的重要软环境条件。世界上绝大多数国家和地区在举办和建设科技园的过程中，都比较注重园区有关法律、法规的制定，做到依法治园。园区涉及的法律大体上有两个层次：一是一般的科技活动都要涉及的法律问题；二是园区活动所涉及的法律问题。前者属于园区法制建设的大环境，后者属于小环境。从表面上看，多数发达国家都没有专门针对园区制定法令法规或政策措施，但由于他们在科技活动的组织和管理、科技成果流通、专利、版权、知识产权、环境保护、标准化、涉外科技等方面的法律较健全，良好的大法律环境保证了园区的健康发展。在亚洲国家和地区特别是发展中国家和地区，除了制定上述的第一层次法律以外，还应特别注重制定园区本身设置和建设涉及的法律和法规。

为了确保科技园建设，有些国家和地区专门颁布了特别法令。如日本政府于 1970 年颁布了《筑波研究学园都市建设法》，1971 年制定了《筑波研究学园都市建设大纲》（1973 年修订），1983 年颁布了《高技术工业密集区开发促进法》（简称"技术城法"），通过司法手段明确规定了高技术密集区的选址条件、申请程序、审批标准、税制优惠政策、国家资助条件以及在占用农地时的特殊照顾条件。中国台湾于 1979 年颁布了《科学工业园区设置管理条例》。韩国政府于 1986 年颁布了《高技术工业都市开发促进法》，以保证大德研究团地有关规定的落实。

许多国家虽然没有专门针对园区制定的法律和法规，但由于他们在科技、经济和社会方面的法律和法规比较健全，从而保证了科技园建设的稳定与发展。在科技、经济方面，美国政府于 1980 年颁布了《史蒂文森—威德勒技术创新法》，1984 年颁布了《国家合作研究法》，1986 年国会通过了《联邦技术转移法》，1991 年国会批准了《国家关键技术法》、《先进制造技术法》、《制造策略法》、《联邦技术策略法》，以及诸如《专利法》、《国家环境政策法》、《知识产权保护法》、《中小企业创新研究法》、《技术竞争力法》等等，形成了针对风险投资、知识产权、技术转让、技术扩散等提供强有力保护的法律体系。日本政府于 1986 年颁布了《私人部门资源利用法》，还制定了《科学技术厅设置法》、《外资法》、《促进基础技术研究顺利开展法》、《小企业新技术振兴法》。法国政府颁布了《法国研究与技术发展方针和规划法》，巴西于 1991 年颁布了《巴西新信息法》，加拿大安大略省颁布了《小企业公司发展法》。这些法律、法规虽然不是专门针对科技园制定的，但他们为科技园的建设和发展创造了规范化的法律大环境。此外，各国和地区政府还会根据形势的发展和时间的推移，及时地废除、修改和完善有关法规，以保证科技园的健康发展。

我国目前没有一部全国统一的国家高新区大法。1996 年，全国人大曾经起草过一部国家高新技术产业开发区法，但始终未获通过。很多反对者认为，如果制定园区法，对区外的高新技术企业不公平。既然为了发展高新技术产业，就应当制定一部高新技术产业法，这样才能使区内区外的高新技术企业都得到发展。由于无法出台国家统一的高新区法，因此许多园区开始自行制定高新区的法律法规。2001 年 1 月 1 日，《中关村国家自主创新示范区条例》出台，该条例出台后，实现了四个全国第一：第一家不核定经营范围的企业；第一家自然人与外商合资的企业；第一家有限合伙投资机构；第一家以无形资本占注册资金100%的企业。《条例》出台后，许多高新区纷纷仿效，开始制定高新区的法律法规。迄今为止，全国已有多个高新区纷纷大胆创新，制定符合自身实际的高新区法律法规。

目前已制定的30多个地方性的高新区的法律法规无一例外的都是以明确高新区的法律地位为前提，以全面服务企业，优化发展环境为根本内容的"园区法"。笔者认为，我国很有必要制定一部高新区的国家大法。一个高新技术企业从小到大，再发展成产业，优惠政策只在其中起了一部分作用，高新技术产业的发展更多的是依赖于一个优越宽松的综合化环境，更需要优越的金融环境，这个环境里既需要高效廉洁的政务环境，更需要优越的金融环境、信息环境、商务环境、学习环境和人居环境，政策环境仅仅是高新技术企业及产业发展所需的生态环境链的一个环节。产业法可以提供很好的政策环境，但难以提供环境链条上的其他环节。而园区法则可以通过赋予高新区一定的法律地位，授予一定的法定职权，促使高新区专门营造企业发展的"温室环境"，如此才可以催生高新技术企业及产业的迅速发展壮大。再有，由于地方立法权限的限制，对于一些全局性的问题，特别是一些与国家的专业法律法规和有关部委的行政规章相冲突的问题，在地方立法中是难以解决的，即使写进了法律条文，也难以真正实施。因此，制定全国高新技术产业开发区法或条例十分必要。另外，各园区制定的地方性园区法，无论是从形式上还是从内容上，都不太符合一个园区"基本法"的要求，并且在制度的具体设置和条文制定上难以与国际接轨。要大力推进国家高新区管理体制和运行机制的改革与创新，需要通过立法来规范和保障建立适应高新区发展的管理体制和政府行为模式。同时，随着高新区建设的逐步深入，必然会产生一系列新的经济行为，要求通过立法来规范，用法律的手段来保护创业者、投资者、知识产权所有者和各类组织的创新行为，对各类组织、企业和个人依法在激励机制、风险投资、技术创新、中介行为及信用评价等方面的改革给予法律保护。因此，应当制定一个全国统一的法律来规范高新区的发展。在高新区立法的形式上，不追求绝对完美，但求相对适用。

在制定全国的高新区法律法规时，要重点解决地方立法权限不能解决、而高新区发展又必须解决的一些共性问题。目前急需解决的问题主要有：一是高新区的法律地位问题。要明确高新区管理机构的法律主体地位，以及在区内应有的管理权限。二是解决国家有关专业法律法规和部委行政规章中不利于高新技术产业发展的问题，要对高新区的企业设立条件、企业组织形式、人事和用工制度、分配形式、税收优惠、土地供应、规划建设等制定有别于一般行政区域的法律规定，总体上降低企业门槛，减少前置审批，使企业更多地按照市场规律运作。三是要体现对国家高新区和高新技术产业的支持。要通过立法，为高新区和区内企业营造特殊的发展环境，地方各级政府和部门要减少对高新区管理机构和区内企业的检查、执法收费等。四是要体现对创新的支持。要对高新区在管理、制度、政策上的创新给予支持，明确凡是法律法规没有明确规定的，允许高新区进行探索和试点，使高新区在实践中行之有效的"特事特办"经验合法化。

（二）世界科技园的政策

涉及科技园发展的政策主要有两种：一种是直接为科技园指定的专门政策；一种是国家为了加速高新技术产业发展而制定的产业政策。这些政策归纳起来可以分为激励型、引导型、保护型和协调型四种类别。激励型政策侧重于激发企业部门对技术创新的欲望，并为企业的技术创新创造一个良好的外部环境；引导型政策侧重于产业结构的调整，使企业技术创新行为和国家倡导的技术领域一致；保护型政策侧重于新型行业或产业特别是高新技术产业的扶持，以使这些产业得以高速发展，满足国民经济建设的需要；协调型政策则是协调技术创新与其他有关方面的关系（见表 7 – 1）。

表 7 – 1　　　　　　　　　　涉及科技园的政策类型

政策类别	政策名称	政策措施
激励型政策	金融政策	优先贷款和优惠贷款 外贸和外汇方面的支持 设立技术创新的风险基金

政策类别	政策名称	政策措施
激励型政策	财政政策	对研究开发（R&D）的投入拨款 对技术创新的奖励
	税收政策	给予新产品减免税 给予 R&D 优惠
	分配政策	从利润中提取创新基金
	价格政策	自主定价
	信息政策	建立国家信息化基础设施 及时提供技术创新的准确信息
	专利政策	保护技术创新成果的垄断使用权和知识产权
	其他政策	对技术创新者的奖励 提供技术创新所需要的基础设施 消除既得利益集团对技术创新的阻碍 减少技术创新过程中的政府官僚程序 劳动力的培训
引导型政策	产业政策	科技型产业的优先发展政策 高新技术开发区政策 高新技术产业政策 产业结构调整政策
	科技政策	技术进步政策 技术市场政策 技术中介政策 技术人才政策 技术转让政策 技术合作与交流政策 技术引进政策 技术改造政策 技术进步与技术成果评价政策 对 R&D 机构的支持政策

续表

政策类别	政策名称	政策措施
保护型政策	关税保护型政策 政府采购型政策	
协调性政策	协调自主创新与技术引进、技术转让关系政策 协调跨地区、跨行业、跨企业技术创新矛盾政策 促进产业—政府—高校（研究机构）合作政策	

政策的实施需要有相应的政策工具，从世界各国的实践来看，应用最多的技术创新政策工具有六种：①对于研究开发支出的政府补贴和税收优惠政策；②对于技术创新产品的公共采购政策；③鼓励和引导增加技术创新收入的风险资本和风险投资政策；④鼓励技术创新扩散的中小企业政策；⑤政府管制政策；⑥反托拉斯政策。后两个政策工具的目的是为技术创新营造良好的外部环境。

（1）为保证科技园的成长和发展，有些国家专门制定了针对科技园的优惠政策。

各政府或当局都提供财政支持。提供支持的方式有三种：一是直接投资。各国和地区政府或当局对科技园投资有很大差异：美国联邦政府基本上不直接为科技园投资；西方其他发达国家一般只进行有限投资，而且主要是由地方政府投资；新兴工业化国家和地区一般对科技园进行大量投资，以弥补市场不发达的缺陷。如韩国的大德科学城、中国台湾新竹科学园、新加坡肯岗科学园都是由政府或当局大量投资建成的。政府投资主要用于科技园的基础设施建设。日本中央政府通过国家预算给予高技术密集区的拨款占密集区投资的20%，其余80%由地方政府和民间筹资。英国政府（主要是地方政府）及其所驻机构的投资约占全英国科学园总投资的30%，其中直接政府投资占9%[①]。美国有的州政府对符合政府要求的园区公司提供亏损资金的

---

① 白克明主编：《加快高新技术产业开发区改革与建设》，北京师范大学出版社1993年版，第203页。

90%。各国和地区的政府或当局投资主要用于园区的基础设施建设，因为优美的环境、现代化的设施、便利的交通、舒适的生活条件是科学园区能否吸引高技术企业和科技人才的先决条件。英国政府为园区提供 60% 的建设资金，法国和荷兰政府提供 75% 的建设资金，比利时政府提供全部的开发基金，日本政府要求地方政府对每个高技术密集区提供 10 亿美元的基本建设资金①。二是以补贴或奖励形式实行间接资助。不少国家和地方政府为到科技园创办企业者提供一定的财政补贴，如德国各州政府建立了许多新技术创业中心，新建高科技企业一旦进入中心，便可得到政府补助，提供免费或低价的技术咨询和低价的办公服务等，如北威州在中心建设的前 3 年里每年提供 50% 的亏损补贴。美国有的州政府对于科技园内的公司，只要其产品与州政府规划的方向一致，倒闭后由州政府保证补贴亏损资金的 90%。日本政府为鼓励企业在科技园投资，制定了《促使工业再配置补贴费》、《特别折旧措施》，以高折旧率加速折旧的方式，向在园区投资的企业提供补贴，其中规定用于高技术工业的机械设备，除一般折旧外，第一年折旧率为 30%，建筑物、附属设施折旧率为 15%。地方政府对企业在园区投资的建筑物、工厂设备、火力发电厂、污染处理厂实行折旧补贴，并减免企业资产税、资本收益税和土地税。政府还为搬迁单位提供搬迁补贴。美国许多科技园通过《小企业革新奖励金》、《城市开发活动补助金》等渠道得到了帮助。有的园区对企业孵化器中的企业，实行房费和水电热费的优惠，差额部分由州政府补贴。三是支持科技园内的研究与开发项目。中国台湾当局对科学工业园区企业新技术新产品开发提供奖助，奖助金额最高不超过所需金额的 50%，每项奖助金额以新台币 500 万元为限。日本政府鼓励科技园的研究机构和企业开展联合研究与开发项目，提供 1/3 的仪器、设备费用。德国有的州政府为新技术创业者中心的企业与州立大学合作开发的项目提供 50% 的研究经费，其余由企业负担。德国西柏林科学园对园区内高技术创新企业给予研究项目以最长期限为 3 年的补贴。凡获得补贴的项目，第一年可得其研究成本 80% 的财政补贴，第二年补贴率为 50%，第三年为 20%。

---

① 白克明主编：《加快高新技术产业开发区改革与建设》，北京师范大学出版社 1993 年版，第 203 页。

为了减轻高技术企业特别是小企业创业初期在购置固定资产方面的沉重负担，一些国家和地区的政府采取了土地租售价优惠和办公用房、厂房或其他配套房租售优惠价的办法，优惠折扣率一般是在 10% ~ 30%。新加坡肯岗科学园在房地产上给予投资者优惠，先由该地区土地拥有者裕廊镇管理局在园区内建设套房、工厂和标准厂房，租给投资者，并在园区划出一定的空地，提供给投资者兴建所需建筑。管理局对 1984 年和 1985 年入园的企业，在土地和厂房租金方面给予土地租赁折扣办法，给予 10% 的租金折扣，有效期从 1985 年 4 月至 1986 年 12 月。对出租的标准房实行 15% 的租赁折扣。租用 5000 ~ 10000 平方米以上的套式工厂者还可以享受更多的折扣。法国的圣康坦新技术工业城距离巴黎仅有 20 公里，为防止地价上涨，政府规定征地价格比巴黎便宜 30% ~ 40%，同时投资几十亿法郎建成一些厂房和住宅，以低价出售或出租给企业和个人。德国的许多革新创业者中心是利用旧厂房改建的。面积多为 1500 ~ 3500 平方米，以低廉的租金提供给新建小企业。韩国的大德研究团地，为了防止地价上涨而造成不利影响，政府决定从 1984 年开始，由土地开发公社统筹建设，再出售给进入大德研究团地的单位使用。台湾对认定其科学工业对工业发展有特殊贡献者减免 5 年内的租金。

一些国家和地区的政府或当局为科技园制定了专门的税收优惠政策，充分利用经济杠杆作用，刺激科技园的建设和发展。美国明尼苏达州对区内技术走廊公司的技术纯收入给予减征 30% 的课税优惠；中国台湾当局给予园区企业进口税、货物税、营业税和地税的免征，5 年内免征盈利事业所得税，外销产品无须课税。新加坡肯岗科学园的税收优惠有：凡属新兴工业可豁免 40% 的所得税；凡属投资于高技术工业的企业连续 3 年亏损，可获 50% 的投资津贴；对用于研究开发的全部设备和机器，给予 3 年累积折旧；凡为制造业提供研究开发服务的公司或利用研究开发成果从事产品生产、材料改进和生产过程革新的企业均予以奖励和减税；在科技园投资进行研究开发者，还可以获得更优惠的税务优待。中国台湾新竹科学工业园区税收优惠有：可全部免征进口税、货物税、营业税和土地税；企业 5 年内免征盈利事业所得税，5 年后所征收税额不超过利润总额的 20%。法国里昂市和圣康坦市专门设置了科技园免税小区，规定新建企业两年免税，新产品一年免税，一年以后再减税 2—3 年。比利时政府也建立了若干免税区来吸引小型高技术公司到科技园来。

当然，也有些国家并不为科技园提供专门的优惠待遇，如澳大利亚科技园的企业与区外企业相比，并不享受特别的税收优惠，在信贷、税收上均按统一标准，只是在个别科技园内的房租比区外便宜。这些科技园不是靠优惠，而是以优美的环境、别具一格的工程建筑设计、便利的交通、现代化的设施、优越的地理位置，吸引许多高技术小公司和跨国公司来投资。

在有些科技园中，一般通过银行或设立基金会的方式向园区的企业提供低息贷款，如日本政府设立了特别利息贷款制度，对技术密集型企业提供特别利息贷款；美国政府直接向小企业提供优惠贷款。中国台湾给予园区内的企业低于一般银行利率两个百分点的优惠贷款。

在发展中国家和地区的科技园中，许多都对进入园区的外资给予政策优惠。如泰国规定，外国企业永不收归国有，税后利润可自由汇出；不会再建立类似的企业和已申请优惠的企业竞争；可以随时进出口商品。新加坡政府对到科技园投资进行研究与开发的国内外机构与企业，除给予税收等优惠外，还明确规定在园区内进行的每一项研究与开发活动都必须由新加坡本国科技人员参加，外国投资者可与新加坡的有关机构、公司或企业联合开展研究与开发工作，但一切成果必须在新加坡应用。中国台湾当局规定，到科学园区投资的国外资金可享受下列优惠：外国投资者可享有本岛投资者相同的优惠政策及权利；外国投资者可享有 100% 的企业股权，也可寻找当局及本地企业与其共同投资；外国或海外华侨投资产生的利息可申请汇出；外资股份超出 45% 的企业，当局保证从营业日起 20 年内不予征收；投资计划完成一年后，外国投资者可以申请将投资资金一次汇出；保护知识产权及所有权；科学工业经核准后可兼营与其业务相关的进出口贸易业务；科学工业投资计划完成后，可转投于岛内外公司。

（2）许多国家，特别是西方发达国家，并没有单独制定科学园区政策，而是通过间接的政策和措施对科技园的建设和发展施加影响。

西方发达国家为了加强高新技术研究和开发，采取了一系列政策措施。

第一，税收减免。各国政府对于有助于高新技术产业发展的项目，大多给予相应的税收减免优惠。美国国会 1981 年通过的《经济复兴税法》规定：纳税人可把发生的与贸易或商业活动有关的研究或试验支出直接作为可扣除费用予以抵扣，而不必作为计提折旧的资本支出；凡是当年研究与开发支出超过前三年的研究与发展支出平均值的，其增加部分给予 25% 的税收抵免。1986 年，美国国会又通过对该法的修正案，将 25% 的税收抵免减至 20%。据专家测算，这两次减免税额相当于增加 14 亿美元的投资，至少可创办 2800 家小型和 350 家大型高新技术企业。联邦政府如此，一些州政府也做出规定。例如，佛罗里达州规定，科技园区出售的产品免缴产品税，从事研究与开发的企业只征有形财产税。日本政府在税制上也采取了促进高新技术产业发展的税收优惠政策，先后制定了《促进基础技术开发税制》、《增加试验研究费税额扣除制度》等税收政策支持高新技术研究与开发活动。政策规定：对于购置用于基础技术（指新材料、尖端电子技术、电气通信技术、宇宙开发技术等）开发的资金全部免征 7% 的税金。法国于 1983 年制定了"高新技术开发投资税收优惠"政策，规定凡是研究与开发投资比上年增加的企业，经批准可以免交相当于研究与开发投资增加额 25% 的企业所得税。后来这一比例又提高到 50%。公司出让技术取得的技术转让收入，若符合规定条件，则作为长期资本利得，按 19% 税率征税，否则实行 33.33% 的标准税率。个人的技术转让所得，也视同长期资本利得，按 16% 的低税率征税。加拿大对从事高新技术产业研究与开发发生的当期费用准许在发生当年按 100% 直接冲销，同时纳税人可以额外对扣除其前三年平均支出水平的 50%，作为增加其研究与开发费用的附加津贴；对非营利目的的科研公司免税，尽管这类公司会取得一些在其他情况下应纳税的所得，但它们也不必缴纳公司税。韩国税法规定：一般企业按营业收入的 3%，技术密集型企业按 4% 的比例在税前提取"高新技术开发基金"用于企业高新技术的开发。设立技术开发基金的企业，还允许按其技术开发与支出的 5%（中小企业为 15%）直接从税额中抵扣。试验专用设施，可以按设施成本的 5% 抵免税额。新加坡税法规定：对带来"先进工艺"的高新技术外国公司投资设厂，可享有减免盈利的 33% 的税收，减期为 5～10 年；从事研究开发工作的公司享受其研究开发支出 50% 的政府津贴，研究开发开支享受双倍的税收扣除等等。

第二，财政支持。许多国家（尤其发达国家）常常通过财政拨款、投资补贴的方法，直接介入高新技术产业的研究开发工作。高技术与人才是发展高技术产业的关键。以一所或几所高水平的综合性理工科大学为依托，是科技园获得成功的基本要素之一。各国政府对大学的基础研究与应用研究提供强有力的资助，这使大学可以取得科技成果和培养优秀科技人才，同时也从大学衍生出许多高技术公司。美国在高新技术产业的发展上采取了直接研究与开发投资的政策。这项政策通常用于国防和宇航、农业科学研究、基础科学研究。最近几年，美国政府的科研投入占全美科研投资的一半。2003 年，美国联邦政府的 R&D 投入达到了创纪录 117.56 亿美元，比上一财年增加8.3%。法国在促进高新技术产业发展中，一是减轻高新技术企业的财政负担，从 1988 年起，逐步削减企业的捐税和社会分摊。二是建立产业现代化基金，专门为企业技术改造发放低息贷款。三是政府大幅度增加高新技术研究开发经费，将其占国内生产总值的比重，由 1980 年的 1.85% 提高到 1990年的 3%。四是通过限额采购产品、财政预算拨款等手段，促进高新技术产业发展。德国政府则制定了《投资补贴法》，着重对于高新技术企业在涉及调整区域经济结构的项目，如发展边缘地区经济力量的高新技术产业的投资项目，以及有利于高新技术企业采用新技术、环保、节能等方面相应的投资给予补贴。另外，德国对于风险投资事业也极为重视，并将风险投资与建立高新技术企业联结在一起，政府在这方面的资助金额一再增加，其增长速度超过任何其他方面的资助。新加坡政府在 20 世纪 80 年代设立了研究与开发援助基金，由政府拨款，科学理事会统一管理和使用。主要用于支持私人机构的高新技术企业研究与开发计划，以及私人机构与公共部门在高新技术产业研究与开发方面的联合工作。

第三，政府采购政策。政府实行合同与采购政策是促进高技术产业发展的重要手段。20 世纪 50 年代，美国国防部所购买的半导体产品占硅谷同类产品销售额的 40%①。军方的采购为美国硅谷、波士顿 128 公路等地区带来了充裕的资金和稳定的市场，促进了该地区高技术产业的蓬勃发展，迄今为

---

① M. 卡斯特尔、P. 霍尔：《世界的高技术园区——21 世纪产业综合体的形成》，北京理工大学出版社 1998 年版。

止，政府的采购仍起着不可忽视的作用。英国著名的 M4 公路技术走廊地带是英国的最大的电子工业区，它赖以生存和发展的主要原因之一是英国国防部的军事工业生产合同。那里设置着许多国防研究机构，密布着国防设备采购点，国防研究机构在当地可以很便利的将研究成果转让给高技术公司研究制成产品。

第四，加速折旧。提高设备的折旧率以加速高新技术企业收回投资，从而提高资金的利用率，这对于高新技术企业的发展与推动产业进步有着较大影响。国外企业的固定资产折旧年限，一般都已从战前与战后初期的 20 ~ 25 年，缩短至目前的 10 年左右，年折旧率约为 11% ~ 12%，从而使折旧金额常常超过企业所增资本额，对于企业更新设备和采用新技术发挥了巨大作用。但为了适应高新技术的快速发展与日益尖锐的市场竞争，各国又多采取若干行业或用于研究开发的固定资产的特殊政策，折旧率更高，折旧期更短，设备更新更快。美国政府规定：对高新技术产业研究开发用仪器设备实行快速折旧，折旧年限率为 3 年，是所有设备年限中最短的。美国还以加速折旧作为政府对私人高新技术企业实行巨额补贴的一种方法，以此来促进对高新技术产业的投资。目前，美国每年的投资中，折旧提成所占比重高达 66% ~ 90%。日本自 60 年代起，为了促进技术引进与技术革新，先后制定了"试验研究开发用机械特别折旧制度"、"科学技术振兴折旧制度"、"新技术投产用机械设备特别折旧制度"，以及有效利用能源和开发本国资源等多项特别折旧制度，总数已达几十种。此外，其他国家也都广泛采取加速折旧的办法。如法国规定自我开发软件费用可以在发生年度当年全部扣除；新加坡政府规定，对用于高新技术产业办公室的设备给予当年 100% 的折旧待遇，等等。

第五，各国和地区在实施技术创新政策过程中所采取的一系列政策，对科技园产生了重要的影响。一是提高中小企业的创新能力。各国都制定了一系列促进中小企业发展的法规和政策，如美国的《小企业法》（1995 年）和《中小企业技术创新开发法》（1982 年），日本的《中小企业基本法》和《中小企业现代化促进法》（1963 年），韩国的《中小企业基本法》（1966 年）和《中小企业创业支援法》（1986 年），台湾当局的《中小企业发展条例》（1996 年）等，从税收、信贷、咨询等方面给予中小企业技术创新以支持。二是加强产、学、研合作，加速科技成果商品化。1986 年，美国国会通过了《联邦技术转移法》，将技术管理权下放到实验室，允许实验室直接与私人企业合作研究和开发，有权转让技术成果。美国许多州政府为加强大学与企业的合作采取了相应的改革措施，如修改禁止大学教师向新建企业投资的规定，允许教师占有知识产权，建立专门机构对研究人员就有关知识产权提供帮助等。这些措施无形中促进和支持了高技术产业的发展，对科技园的发展起到了推波助澜的作用。

第六，由于风险投资与高新技术产业的发展有着非常密切的关系，许多国家政府对风险投资也采取了种种鼓励和扶持政策。①直接参与。美国、日本、英国、德国等政府都建立了风险投资公司、风险资本基金，直接参与风险投资活动；②提供税收优惠。美国、英国、新加坡等国政府都给予风险投资以税收优惠；③贷款担保；④放宽限制；⑤开辟二板市场。

另外，一些国家和地区的经济开发政策为科技园的产生与发展创造了有利条件。如英国为了保障地区间的经济平衡发展和解决就业问题，制定了地区经济开发政策。政府将苏格兰、威尔士等由于传统产业衰退而产生经济失调的地区划分为积累资助地区，为前去投资的企业提供高额补助，以鼓励老工业区调整产业结构发展高技术产业，改变经济状况。当地政府也制定相应的各种优惠、鼓励措施，促进了苏格兰地区高技术产业的发展。目前苏格兰和威尔士地区已有若干个科技园，苏格兰已成为欧洲著名的"硅谷"。与英国地区经济开发政策具有异曲同工之妙的还有美国的"地区工业振兴战略"、日本的"活跃地区经济对策"和中国的经济特区政策等，都达到了改造地区产业结构和发展高技术产业、振兴经济的目的，对所在地区科技园的创办和发展起到了重要作用。

（3）各种政策的比较。

世界各国和地区虽然都制定了一些科技园政策，但是由于各国和地区情况不同，所实行的政策也有所差异。

美国联邦政府对科技园的政策以间接政策引导为主，政府干预较少。这是因为美国拥有健全的法律制度和发达的市场经济，因此，政府可以运用各种法律、经济等政策手段影响园区的建设。所以，只有在美国特定环境下才可能产生像硅谷、128 公路地区这样世界一流的大规模、自发性的科技园。这些园区以灵活、竞争力强著称，在促进美国的高技术产业化和繁荣地方经济中起重要作用。当然，当园区发展到一定程度以后，由于缺乏政府的总体规划，也造成许多诸如人口激增、交通拥挤、环境污染等问题。

欧洲各国政府对科技园的政策是间接与直接并行。中央政府对科技园以间接干预为主，直接干预为辅，即通过有关法律法规、税收政策、产业政策、风险投资政策等为园区创造良性环境。英国的前就业大臣洛德·扬在其《科学园对增长的贡献》一书中在谈到中央政府在科学园发展中的作用时指出，要创造企业能够发明并得到报偿的经济条件，提供巨大的一般补贴不是中央政府要起的作用。因此，英国中央政府对园区几乎没有直接投资。其他欧洲国家对园区内的高技术企业多在贷款方面给予优惠，而在税收上不给特别的照顾，旨在鼓励园区内外企业间的平等竞争。欧洲各国中央政府不太干预地方事务，提倡地方因地制宜举办各种形式的科技园，允许对园区采取民间管理、政府管理、官产学联合管理等多种管理形式。在欧洲国家科技园建设中，地方政府起到了积极作用。他们对园区多采取直接干预政策，表现为：进行园区规划，与大学、科研机构、工业企业、金融机构联合投资进行园区开发。修建基础设施；成立基金会，进行风险投资；共同组织园区内的管理机构；建立为企业提供技术咨询、信息、经营管理指导的服务机构。可见，如何充分利用本地区的资源，与大学科研机构、工业企业、金融机构合作兴办科技园，是欧洲地方政府科技园政策的主要特点，并且为实践证明是卓有成效的。欧洲国家的科技园之所以能在 20 世纪 80 年代后获得蓬勃发展，发挥地方政府的作用是一个重要的因素。

在亚洲，因受到历史背景、经济状况、政治体制、科技资源、文化传统的制约和影响，亚洲国家和地区的政府对国家和地区事务的控制和干预一向都是强有力的。在发展科技园的问题上也不例外，虽然也采取了一些间接干预手段，但更多的还是采取直接干预，从园区的规划、投资、建设到管理，都在政府的直接主持下进行，科技园的各个活动环节都有比较具体的法规和政策予以规范。与西方发达国家相比，多数国家和地区尚未形成发达的市场经济，法制不够健全，风险投资不够发达，加之经济、科技实力较为薄弱，建设科技园的宏观环境不够理想。为此，各国和地区政府采取了将有限的人力、物力、财力集中到科技园的做法，并制定了一系列比其他国家和地区更为优惠、更富有吸引力的投资、税收、补贴政策，以争取国内外的投资，积极为科技园创造一个良好的微观环境，希望以此来带动园区所在地甚至整个国家的经济发展。这种直接干预便于根据国家的长远目标进行规划，便于统一调配人力、物力、财力，建设速度快，成功率高，其缺点是管理机制不够灵活，缺乏竞争和创造性。

二、中国高新技术产业开发区的制度因素

（一）中国高新区制度建设现状

我国重视发展高新技术产业，为促进高新技术产业发展，加速高新技术商品化、产业化、国际化，我国制定了诸如财税政策、进出口政策、资金投入政策、投资政策、贸易政策、人才政策和土地政策等一系列相应的优惠政策，这些政策的制定对高新技术成果的转化以及产业化发挥了巨大的作用。

我国政府每年以财政资助的方式投入一定量的研发资金，支持重大科研项目的研究开发。地方政府也在可能的范围内，实施研发政策创新。另外，还实施了新的高技术贸易政策来促进高新技术产业发展。科技部、商务部等有关部门在高新区推进科技兴贸计划，出台了强化出口企业现代化管理、引进人才、加大奖励力度等一系列积极鼓励出口的政策，特别是推出了建立风险投资基金，采取政府贴息、优先贷款、加大出口企业的研发强度、扶持自主知识产权产品出口等措施。1999年年底，国家税务总局、财政部等有关部门明确规定，对列入科技部、外经贸委《中国高新技术商品出口目录》的产品，凡出口退税率未达到征税率的，经国家税务总局核准，产品出口后，可按征税率及现行出口退税管理规定办理退税。目前，高新区现已基本形成了有利于产品出口的区域环境，形成了适合出口企业的工商、税务、海关和银行为一体的服务网络。

我国有关高新技术产业发展的税收优惠政策也是较为普遍而广泛的。在

我国现有税种中，同高新技术产业相关的就有增值税、营业税、所得税、固定资产投资方向调节税等9个税种。税收优惠的方式不仅限于减免税，还包括起征点的提高及应征税额的减少等。1999年"全国技术创新大会"后，税收政策更加完善，标志着我国加强技术创新发展高科技实现产业化进入了新的发展阶段。现行支持高新技术产业发展的税收优惠政策主要有以下几个方面。

1. 高新技术企业的税收政策

（1）国务院批准的高新技术产业开发区内的高新技术企业，减按15%的税率征收所得税；新办的高新技术企业自投产年度起免征2年企业所得税（94年财税字第001号）。开发区内的高新技术企业出口产品的产值达到当年总值70%以上的，经税务机关核定，减按10%的税率征收企业所得税。（国发〔1991〕12号）

（2）软件开发企业实际发放的工资总额和培训费用，在计算企业所得税应纳税所得额时准予扣除。（财税字〔1999〕273号）（财税〔2000〕25号）

（3）在国务院确定的国家高新技术产业开发区设立的被认定为高新技术企业以及在北京市新技术产业开发实验区设立的被认定为高新技术外商投企业，自其被认定为高新技术企业或技术企业之日所属的纳税年度起，减按15%的税率征收企业所得税。（《外商投企业或外国企业所得税法实施细则》第73条第5款）

（4）对被认定为高新技术企业的生产性外商投资企业（不包括北京市新技术产业开发实验区的新技术企业），其生产经营期在10年以上的，可从获利年度起的第一年和第二年免征所得税，第三年至第五年减半征收企业所得税。（《外商投资企业和外国企业所得税法实施细则》第75条第6款）

（5）外商投资举办的先进技术企业，依照税法规定免征、减征企业所得税期满后仍为先进技术企业的，可以按照税法规定的税率延长3年减半征收企业所得税。（《外商投资企业和外国企业所得税法实施细则》第75条第8款）

（6）对我国境内新办软件生产企业或集成电路企业经认定后，自开始获利年度起，第一年和第二年免征企业所得税，第三年至第五年减半征收企业

所得税。（财税〔2000〕25号）

（7）对国家规划布局内的重点软件生产企业，如当年未享受免税优惠的，按减10%的税率征收企业所得税。（财税〔2000〕25号）

（8）集成电路生产企业的生产性设备，其折旧年限可以适当缩短，最短可为3年。（财税〔2000〕25号）。

2. 支持高新技术产品的税收政策

（1）对企业为生产《国家高新技术产品目录》的产品，而进口所需的设备及按照合同随设备进口的技术等，除按照国家〔1997年〕37号文件规定不予免税的进口商品外，免征关税和进口环节增值税。（财税字〔1999〕273号）

（2）为了鼓励高新技术产品出口，增强高新技术产品国际竞争实力，我国对高新技术产品实行增值税零税率的政策，具体规定为："对列入科技部、外经贸部《中国高新技术商品出口目录》的产品，凡出口退税率未达到征税率的，经国家税务总局核准，产品出口后，可按征税率的现行出口管理规定办理退税"。（财税字〔1999〕273号）

（3）一般纳税人销售其自行开发生产的计算机软件产品，可按法定17%的税率征收后，对实际税负超过6%的部分实行即征即退。另外，属生产企业的小规模纳税人，生产销售计算机软件按6%和征收率计算缴纳增值税；属商业企业的小规模纳税人，销售计算机软件按4%的征税率计算缴纳增值税，并可出税务机关分别按不同的征收率代开增值税发票。（财税字〔1999〕273号）

（4）对增值税一般纳税人销售其自行开发生产的计算软件产品、集成电路设计产品，按17%的法定税率征收增值税后，对其增值税实际税负超过3%的部分实行即征即退政策。所退税款由企业用于研究开发软件产品和扩大再生产，不作为企业所得税应税收入，不予征收企业所得税。企业自营出口或委托、销售给出口企业的集成电路产品，不适用增值税即征即退办法。（财税〔2000〕25号）

（5）对增值税一般纳税人销售其自行生产的集成电路产品（含单晶硅片），按17%的法定税率征收后，对其增值税实际税负超过6%的部分实行即征即退政策。所退税款由企业用于研究开发软件产品扩大再生产，不作为企业所得税应税收入，不予征收企业所得税。企业自营出口或委托、销售给出口企业出口的集成电路产品，不适用增值税即征即退办法。（财税〔2000〕25 号）。

随着高新技术产业的发展，优惠政策在实施中遇到了一些问题，主要表现为：扶持力度较小且不配套；国家政策、地方政策和开发区内政策缺乏协调一致；有些政策未能体现高新区的特点；有些地区搞优惠政策的盲目攀比，使优惠政策过多、过滥。这些问题的出现，影响了高新技术产业的发展，从高新区的发展来看，高新区的优惠政策既要发挥引导功能，又要发挥调控功能。

（二）中国高新区制度建设的原则

第一，在优惠政策上采取明确的产业倾斜政策。高新技术产业开发区的优惠对象是经核定的高新技术企业，其侧重企业的技术层次，经认定的高新技术企业满三年以后，需要经过重新认定，才能继续享受优惠，可见高新技术产业对企业技术要求很高。我国高科技及其产业化的任务，就是要把握国际高科技发展的趋势，以提高国家自主创新能力、掌握知识产权、增强综合国力为目标，重点发展节能环保、新一代信息技术、生物、高端装备制造、新能源、新材料以及新能源汽车产业等方面的高技术，现在我国的多数高新技术产业开发区都是按照国家科技部根据世界科学技术发展状况划定的高新技术范围，规定本地的国家高新技术开发区的发展领域。每个开发区都根据自己的资源、人文、地理优势，按照自己的实际条件突出当地的优势，兼容当地经济、科技、历史文化特色，特别强调了有关的发展领域，例如，中关村已形成下一代互联网、移动互联网和新一代移动通信、卫星应用、生物和健康、节能环保以及轨道交通等六大优势产业集群以及集成电路、新材料、高端装备与通用航空、新能源和新能源汽车等四大潜力产业集群为代表的高新技术产业集群和高端发展的现代服务业；上海漕河泾开发区在产业政策的引导下形成了现代信息、生物医药工程和新型材料三大支柱产业。天津滨海新区重点发展汽车及装备制造、石油化工、电子信息、粮油轻纺、航空航天、新材料、新能源等八大优势产业。因此，在优惠政策上，应注意产业倾斜政策的制订，要体现产业政策和区域政策相结合，产业政策区域化和区域政策产业化的特点，要明确规定哪些产业应当给予特别的鼓励，真正体现优惠政策既为高新技术企业服务，又为高新区调整产业结构，长期协调发展服务。只有这样国家才可以通过政策的制定，引导高新技术产业开发区的产业布局向合理、协调、互补的方向发展。在引导高新技术产业开发区优先发展主导产业的同时，还要注意其他产业的发展，培植新的经济增长点。这样就可以形成以一个或者几个产业为主体，多个产业同步协调发展的新的合理的产业布局。

我国目前应当根据高新技术产业开发区存在的经济总量偏小、企业总体规模不大、总体技术层次不高的特点，制定重点扶持大型高新技术企业的优惠政策，把提高经济增长质量和效益放在首位，努力促进经济增长方式由粗放型向集约型转变，要采取扶持政策，以名牌产品和优势企业为龙头，以资产为纽带，以分工协作实现资源优化配置为原则，积极推进联合、兼并、收购、参股等多种形式来进行资产重组和企业组织调整，加快形成一批支柱产业和主导产业，造就一批行业龙头企业和名牌产品，使之上规模、上水平，以增强在国际国内市场上的竞争能力，确保开发区经济持续、健康、快速的发展。在注重大企业发展的同时，也要大力扶持为数众多的中小型科技企业的成长。中小企业是经济发展的基础，与大企业在生产合作、产品配套等方面相互依存，相互补充。从某种意义上讲，中小型科技企业技术创新甚至比大企业更活跃，今天的小企业可能就是明天的大企业。而扶持企业由小到大的成长，正是高新区的责任和最具特色的功能之一。

第二，高新区政策应体现高新技术产业的特殊性和政策的整体协调性。高新区是发展高新技术产业的重要基地，是向传统产业扩散高新技术的辐射源，是对外开放的窗口，是深化改革的实验区，这些特殊性应在政策中有所体现。可现行政策中的许多内容并没有体现高新技术产业的特点，许多内容却与我国外商投资政策接近。例如，关于企业经销人员简化出国手续、产品出口权限等规定，高新区的优惠政策均未体现出对高新区企业高效益、高投入和高风险的特点的规定。由于高新区政策所体现高新技术产业特点不充分，故对高新区的扶持、引导的特点也不明显。高新技术产业开发区优惠政策的内容是广泛的，是各类优惠政策的集合体，其目的是运用优惠政策的综合效益来营造一个良好的投资环境。随着社会主义市场经济新体制的逐步形成，优惠政策所造成的高新区优势正在逐步消失。当然，在高新区发展的一段时间里，作为最初推动力的政策优势起到过重大的作用。现在，在高新区优势政策有所降低的情况下，应将主要精力放在从总体上改善投资环境方面，借助政策优势这一最初推动力，尽快把高新区纳入新体制、新机制的轨道上来。只要充分发挥优惠政策的总体效益，搞好投资环境的综合治理，高新区的吸引力仍然是很大的。当前，高新技术企业所关心的是保证产、供、销活动有顺畅环境的优惠政策，企业认为这些政策应该要明确、具体、配套，而这些方面正好是我国目前政策制度漏洞和执行中的不足之处。高新区的优惠政策是吸引高技术企业的手段，而不是目的，高新区的优惠政策不能仅停留在税收、信贷等方面，必须深入考察生产、流通等各个实际过程中的环节，发现问题并及时制定出相应的政策。要建立具体、明确、配套的有利于高新技术产业开发区的政策体系，充分发挥开发区政策的整体效益，搞好投资环境的综合治理。

第三，高新区政策应当有助于促进高新技术产业开发区整体功能的发挥。高新技术产业开发区的形成和发展是资源配置的有机结合，发挥了人力、科学技术、产业和地理有机结合的优势，对国民经济和社会发展产生了重要的作用。

高新技术产业开发区坚持科学、技术开发和生产一体化，成为促进高新技术产业形成和发展的基地，加强了针对性交流，快速解决科研、技术和生产各个环节的问题，大大缩短了高新技术成果产业化、国际化的周期，提高了高新技术产品的竞争力。高新技术产业开发区应当注意在优惠政策的制定上侧重在产业初创阶段给予扶持，优惠政策向技术开发的源头倾斜，因为研究开发作为高新技术产业发展的原动力因其固有的一些特征，仅仅依赖市场机制通常不能使其数量、品质与方向达到最符合经济效率的程度，有赖于政府制定和实施整套具体的产业发展战略，以消除市场失灵现象，进而鼓励企业进行研究开发，提高产业技术水平。据统计，2012年，我国研究与开发经费投入达 10240 亿元，占 GDP 的比重为 1.97%①，发达国家这一比例为 2.3%～2.8%。因此，从政策上鼓励高新技术企业增加技术开发经费，增加对高新技术产业发展的投入是十分必要的。

在优惠政策的制定方面还应注意扶持具有民族创新的新技术，对民族高新技术企业应当更加优惠。因为我国建立国家级高新技术产业开发区的目的之一就是使高新技术产业开发区成为发展民族高新技术的基地，成为我国科技成果转化为现实生产力的基地，成为民族高新技术在世界高新技术领域占有一席之地的窗口，从目前 105 个国家高新技术产业开发区的实际情况来看，利用外资的积极性较高，而在发展民族高新技术上下功夫不够。高新技术产业开发区应当站在发展民族高新技术、振兴民族工业的高度，正确处理好利用外资、引进国外先进技术与发展民族高新技术的关系。

通常高新技术产业开发区都拥有高新技术企业的创业服务中心，用于扶持高新技术创业，特别是为中小企业的成长和发展提供所必须的条件。由于政府政策的支持、"火炬计划"的推动、高新技术产业开发区的政策环境和基础设施条件比较好等原因，我国不少创业中心现已经成为高新技术成果转化为商品的重要基地、高新技术企业的孵化器和培育高新技术企业家的学校。创办服务中心有利于吸引人力、物力和信息资源，有利于孵化功能的发挥。

高新技术产业开发区各种条件的结合，相互作用，使高新技术产业开发区产生了聚集效应，将高等院校、研究开发机构、人才和产业聚集在高新技术产业开发区内，发挥了高新技术产业开发区的区域整体功能。据统计，2012 年，国家级高新区 1269.55 万人从业人员中，聚集了 154.9 万人的中高级职称人员，在高新区从业人员中占比 12.2%，大专以上人员 646.83 万人，在高新区从业人员中占比 50.95%②。在发挥聚集效应上，今后国家仍应当制定吸引、培养人力资源的政策，如吸引外国专家、留学人员的政策，鼓励高层次人才走向企业的政策，对高等院校、科研开发机构、人才等应当给予适当的优惠，吸引他们到高新技术产业开发区来。制定鼓励科技人员自由结

① 人民网，2013 年 3 月 8 日。
② 科技部火炬高技术产业开发中心：《中国火炬统计年鉴》（2013）。

合，发展民营科研机构的政策，建立科技教育基金，制定人力资源培养高投入、高产出政策等。鼓励大学和研究机构的科技人员向经济领域流动，这是实现科研与生产相结合，加速科技成果产业化的起点和核心。鼓励企业与高等院校、科研院所以股份制的形式组建生产联合体，允许技术入股和创业入股，调动科研机构、科研人员和企业家的积极性。要采取有效的措施，不断提高科技人才的社会与经济地位，进一步完善社会保险制度。

高新技术产业开发区通过带动周边地区传统产业而有力地促进了该地区经济的发展。主要表现在：第一，高新技术产业产生高产值、高利润、高增长率、能大量增加就业机会，发展第三产业，对地区经济有直接的促进作用，加速了农村城市化，促进周围地区和社会的发展；第二，增加了地区的税收；第三，改变了地区形象，使之成为科技产业蓬勃发展的地区；第四，高新技术产业对传统产业具有改造作用，高新技术产业开发区周边地区的传统产业，往往最先得到高新技术的实惠。但目前，我国高新区的扩散与渗透功能发挥得还不够充分，对区外未享有优惠政策的企业生长与发展影响并不大。这些问题有待于进一步制定政策来给予解决。

与国际先进水平相比我国对于高新区和高新技术产业的政策制定还存在一些差距，因此必须借鉴国际先进经验结合我国国情予以加强。依据以上的政策制定原则，应注意完善的具体政策主要有以下几项。

（1）加强政府采购政策力度扶持高新技术产业发展。虽然企业是技术创新的主体，但是在我国，政府是技术创新的启动者和推动者。政府可以通过创造一定的产品市场，鼓励企业的技术创新行为。为此，政府可以通过公共采购增加创新产品的市场需求，产生技术创新的"市场拉动"效应，对于扶持高新技术产业的发展会起到积极作用。发达国家的实践表明，政府的公共采购政策实际上就是政府技术创新政策的一个组成部分。

（2）制定产业管制政策，扶持高新技术产业发展。政府在市场环境下对产业部门的适度管制不仅常见而且十分必要。政府管制指的是政府依据一定的规则对特定社会的个人和构成特定经济的经济主体的活动进行限制的行为。一般来说，政府的管制以社会性管制和经济性管制两种方式出现。前者是以保障劳动者和消费者的人身安全、健康、环境和防止灾害为目的，后果则是以防止在存在自然垄断和信息偏差的部门中出现无效率或低效率的资源配置为目的，以保证资源配置的最优和服务供给的公平性。政府的管制一方面是保护技术创新者的利益，另一方面是消除阻碍技术创新的因素。在保护技术创新者利益方面，政府通过知识产权保护方式，给予创新者"一定时间内对其创新的独家使用权和垄断"。与此同时，政府又通过反垄断措施，防止由于垄断行为阻碍技术创新，如对某些可能导致垄断的企业兼并实行干预。因此，在技术创新政策与政府管制方面，需要有一个有效配合问题。过低的管制会导致技术创新的社会和经济环境恶化，例如，如果对知识产权不实施有效的保护，将使技术创新者失去创新的积极性。过高的管制对技术创新产生负面影响，它通过延长新产品的开发时间以及等待政府管制部门的批准而影响到新产品和新工艺进入市场的时机，同样对技术创新者的积极性产生不利的影响。

（3）进一步完善与加强知识产权政策，促进高新技术产业快速发展。知识产权政策是保护技术创新的重要手段。赫尔皮格（P. Herbig）的一项研究表明，一个国家要想促进技术创新和发明，就必须让潜在的发明家和创新者觉得这样做是值得的，专利保护通过为发明家提供保护并给予他以垄断其发明的权利而刺激了创新。随着知识经济时代的到来，知识依托型产品（Knowledge – based products）越来越依赖于知识产权的保护，因此只有充分和有效的保护知识产权，才能激发技术创新者的技术创新热情，吸引外来的先进技术和资金。我国自 20 世纪 80 年代中期以后加大了知识产权的保护力度，取得了很好的效果。越来越多的企业，特别是高新技术企业开始注重知识产权的保护。

（4）通过加强科技投入政策，促进高新技术产业发展。科研经费和人力资源的投入是技术创新的重要支持条件。众多的研究表明，以往我国的研究开发投入的主体是国家，占 70% 以上。这种局面必须改变，企业应当成为技术创新和研究开发的主体。改革开放以来，我国在引进国外设备和技术方面投资较大，这对我国以后缩小与发达国家在科学技术领域的差距起到了积极的作用。但同时也应当看到，相当一些引进项目的经济效果并不理想，其原因是多方面的，但缺乏自主性的技术创新和研究开发体系是重要原因之一。

因此，我国的技术创新必须以自己相对独立性的研究开发体系为主，在培育企业成为技术创新和研究开发主体的同时，构建合理的基础性研究和应用技术研究的投资比例，而引进技术只能作为自主的技术创新体系的补充。

三、科技园的非制度因素

20世纪80年代以来，随着科技进步与经济全球化趋势的加快，世界各国科技园在美国硅谷示范作用的影响下骤然兴起，但是实际效果并不尽如人意，能有突出成果的屈指可数，更难以达到硅谷园区的辉煌。事实证明，由于各个国家的社会制度、文化传统、科技基础、经济实力等都存在着差异，而且科技园的组织形式、发展阶段的不同也引起管理模式、发展路径的不同；即便在同一国家，不同的区域、不同的技术创新项目等都会导致科技园管理、发展与效果的不同。总之，离开具体园区的外部环境与发展的具体阶段，笼统地谈论一个包治百病的统一药方是不切实际的，因为这是一个复杂的牵涉到各方面的系统。科技园这一创新产物并不是简单可见的要素与制度堆砌，而是有着十分丰富的内涵，有着一些非制度与非物质方面的因素在起着作用，在不同的环境下相同的因素还会有不同的表现形式。但是，我们仍然有必要来从产业发展、科技创新的规律出发来研讨一个园区影响科技创新因素集聚、科技价值链流动的种种制度因素与非制度因素的作用，因为这些都是客观存在。科学技术自身的发展有它内在的运行机理与外部的运行环境，其中的运行环境绝大部分可由一系列制度与政策来形成；而内在机制也可分为由制度因素来保证和非制度因素起作用两部分。制度安排的因素是显而易见的，并且是可以移植模仿的。从制度之外起着规范人们行为的主要有文化习惯、诚信道德、价值信念、意识形态等因素。这里，我们从成功科技园的经验中，选择对技术创新影响最重要的非制度因素进行探讨。

（一）文化因素

科技园的文化既是其所处国家、地区的子文化，又是园区内各科技企业文化的综合，体现创新创业的特点。文化本身包含的内涵十分丰富，它既可以是自然地、历史地形成，也可以是在一定的环境下由组织的创建者所倡导、组织成员共同塑造、经历一定的时间与过程而形成的。它包括有形的规章制度、基础设施、环境、标志与仪式，更包括无形的内隐文化。内隐文化即非制度性的价值观念、行为习惯、组织精神与目标，它是深层次的与有形文化互为表里，一旦建立，将起到核心的作用。科技园文化应该是在继承优秀传统文化的基础上建立起来的先进文化，应以科学观念为导向且有利于创新创业的文化。但是，园区文化的形成不是简单的提倡就能形成的，它是园区内企业在重复博弈的条件下形成的，并存在于长期的竞合关系之中。

科技园文化的精髓在于整个园区的创新精神和创新目标，只有让园区内每一个企业以至每一个成员都认准了创新目标并为之奋斗时，才能确认这一文化的真实存在。科技企业是以技术创新为获得企业利润方式并以此为发展战略的企业。它与一般单纯以赚取利润为目的的经济型企业不同，科技企业都会制定技术创新和人力资源开发管理计划，不断加大对 R&D 的投入和对科技人员的激励。在这种情况下，创新目标就会和个人目标完美地结合在一起，技术人员就可能最大限度地发挥自己的创造力，在为企业进行技术创新取得效益的过程中也实现了自身的价值，从而达到企业与个人的双赢。一个园区的创新精神会潜移默化地影响着园区内每一个企业与每一个员工，积极向上，勇于创新，奋发图强，使得企业与员工都感觉到一种竞争的意识、机遇的意识，产生一种责任感和使命感，使自己尽量融合到园区精神中去。这种自我认识与自我融合的结果必然是创新氛围的正面效应。良好的创新文化氛围是创新人才和有竞争力的成果的温床①。

科技园文化的特色还在于要普遍建立在一个崇尚科学、尊重知识，既鼓励个人奋斗，又强调团队精神；既鼓励承担风险，也容忍失误失败的科技文化氛围。

（二）诚信道德因素

诚信与道德也属于文化的范畴。信用在资本主义发展过程中起到过重大的作用，是市场机制运作的基础。随着市场的扩大，企业间交往合作的频度

---

① 徐冠华：《大力构建有利于创新的文化环境》，载于《中国软科学》2001 年第 3 期。

大为增加，诚信与道德成为当今社会中经济发展的重要独立因素之一。科学技术来不得半点虚假，科技人员需要实事求是。

在创新过程中，每个创新企业与创新人员相互之间交往、合作的程度已大为增加，如果不讲诚信，那么合作的效率不但为零，还会成为负值。因为合作创新的目标显然达不到，反而要付出反欺诈的成本。一些个人和企业为追逐个人利益不择手段，制造虚假信息或是以假冒伪劣产品替代技术创新产品等都是对创新人员积极性的严重打击，对技术创新有百害而无一利。高举科技发展大旗的科技园必须彻底杜绝虚假欺诈行为，扼制搭便车的机会主义行为，以诚信为创新之本。

（三）价值观念因素

企业从为用户"提供产品"发展到为用户"创造价值"本身就是经营理念上的重大转变。而创新型企业又发展到以技术创新来为用户创造新的价值，这是经营理念的进步与现代化。现代技术进步已经成为社会经济发展的主要动力，市场对技术创新产品的潜在需求促进企业不断地进行技术创新，增加产品的"附加值"来满足消费者不断增长的物质和文化生活的需要，从而保证企业能够稳健、持续地发展。科技园需要营造"科技创造价值"的文化氛围；职工要把对职业的忠诚和对创新的渴求放在第一位；企业要把创造经济价值、环境价值、社会价值相统一的综合价值替代单纯地追求利润的行为，从而使整个园区成为一个充满竞争与创新的区域，科技价值链在园区内顺畅地流转，促进园区创新水平的提高。

在园区内建立一种价值观念不是一蹴而就的事情。它首先要在园区的创业者、企业家的头脑中牢固地树立起这种综合的科技与经济统一的价值观，摒除许多急功近利或因循守旧的观念。创新合作与人才流动，是科技创新规律所必需的，企业领导者应鼓励技术人员互补交流，突破"创新孤岛"，促进技术创新的迅速扩展与传播，形成技术创新的聚变效应。科技园应积极组织技术创新市场，促进企业间的技术合作、人才交流，保持园区的创新活力。

（四）意识形态因素

每一个科技园都处在不同的意识形态之下。对于西方国家来说，长期资本主义的发展与市场经济的运行，形成了一些技术创新的有利因素。对于发展中国家而言，由于经济落后、思想保守、迷信权威以及一些宗教因素的存在，创新意识相对薄弱，创新条件相对缺乏，国家应在创新环境的建设中承担更多责任。要努力在社会中培育尊重知识、尊重人才，尊重科学的社会风尚，破除观念僵化、不敢创新、迷信经典的思想意识。科技园的建设者有必要在园区发展中率先垂范，积极地营造"创新创业小气候"。

我国高新区是在"改革开放"、"科教兴国"形势发展下建设起来的。在国家领导人的重视和倡导下，我国社会逐步树立了"科技是第一生产力"、"创新是一个民族进步的灵魂，是国家兴旺发达的不竭动力"的思想意识。但是在计划经济向市场经济体制转型期间，一些旧的思想观念和行为习惯依然存在，要把以前被扭曲的意识形态改变过来，对原有的科技与经济脱节的体制进行改造，将企业作为技术创新的主体，需要高新区建设者们花费更多时间与精力，需要持久的耐心。

道格拉斯·诺思（Douglas North）在诺贝尔经济学获奖典礼上发表演讲时指出：离开了非正式规则（即非制度因素），即使成功的西方市场经济制度的正式政治经济规则搬到第三世界和东欧国家也不再是取得良好经济绩效的充分条件。

我国的高新区建设，绝不能认为非制度因素、非经济因素可有可无。当今世界，知识经济初显端倪，意识形态对物质经济的反作用力日趋明显，制度因素可以而且容易借鉴，非制度因素更要从深厚的民族文化中精心培育——核心是儒家文化的新经济化。

第 八 章

中国高新技术产业开发区实现
创新驱动的对策

一、世界科技园建设的启示

20 世纪 80 年代之后，科技园在世界各地普遍得到重视，许多国家和地区竞相建立自己的科技园，希望借鉴硅谷的成功经验推动本国经济迅速发展。中国台湾新竹科学工业园作为后起之秀，经过 20 多年的探索和创新要素的积累，创新环境日益成熟，借助集成电路产业生态的变化，形成了大规模的产业群，辐射力和带动力非常强劲，被誉为"新兴的硅谷"。但也有许多国家与地区设立的科技园因种种原因，创新产品很少，甚至只有投入没有看到效果，对社会经济不但没有贡献，反而成为创立者的包袱。究其原因，既有客观条件不成熟所致，也有人为主观因素使然。为此，本研究将深入分析几个不同类型科技园的成功实践，为我国高新区的建设和管理提供借鉴。

（一）发达国家科技园的成功经验

美国硅谷是闻名于世的最为成功的科技园，影响力遍及世界。它是依托于斯坦福大学一流的科技研发能力、按照科技创新自身的规律自然发展起来的科技园。硅谷是在市场化程度很高的经济基础上逐渐成长起来的，其崛起的过程是十分值得研究的。20世纪50年代初，斯坦福大学将579亩土地划出用于兴建工业实验室、办公用房与轻型生产基地，建成后全部出租，吸引了80多家科技型企业入驻，逐步形成了以半导体、计算机行业为主导的科技园。在园区内，教学与科研与企业相得益彰，通过40多年的发展，成为世界信息产业革命的发源地，2011年，硅谷地区生产总值约7310亿美元，占全美GDP比重的5%。不论科技园的创立，还是在全球掀起信息产业革命性的发展，硅谷都是具有开创性的。特别是在硅谷发展起来的主导产业以计算机芯片生产为中心的系列产业，就像一个中子在高温环境中对铀原子核轰击产生出更多的中子，又对更多铀核的轰击产生巨大能量的一连串链式核裂变反应一般，不断地进行技术创新，随着芯片容量每18个月提高一倍（摩尔定理），运行速度每5年提高10倍，产生出了更多的计算机通讯、网络产品，这些产品在世界范围内的传播与扩散又产生出更多的诱导性技术创新产品，形成了名副其实的聚变效应。这种效应产生的巨大能量带来的巨大社会和经济价值，使参与创新的企业都获得了可观的经济效益，使参与创新的企业家和科技创新人员都从中获得了丰厚的报酬，这些成功反过来又激励着人们对创新的资金与人力持续投入，以产生出更大的经济与社会价值，这又是技术创新在经济上产生的链式聚变效应。但是这一切令人难以想象的成功是如何产生的呢？有些什么经验可以借鉴呢？这一直是科技园建设者们思索的问题。科技创新与产业发展应该有其自身的规律和路径。

（1）硅谷的成功与斯坦福大学强大的研发能力与辐射能力有关，与斯坦福大学开放的学术氛围有关。20世纪50年代硅谷初创时期，斯坦福大学就通过合作计划对当地公司开放了其课堂，鼓励电子企业的科技人员直接或通过专门的电视教学网注册，学习研究生课程，不仅强化了企业与斯坦福大学之间的联系，并且有助于工程师们学习最新的技术，将本行业的最新水平的研究成果引入到企业之中。同时，也给不同企业的技术人员提供了相互交流的场所与机会，有利于他们创新思路的启发与扩展。

（2）硅谷具有一个成熟的适应科技产品开发的风险投资体系。任何有价值的创意与技术，在硅谷都能获得很好的投资与帮助。英特尔、微软、苹果、雅虎、facebook 等著名公司都是在风险资本的支持下发展起来的。因为在硅谷由私募资金组建成的风险投资公司（美国 600 多家风险投资公司有一半是以硅谷为基础的）其业主多是那些成功的高技术创业者们。这些企业家群体对高技术项目的选择有其独到的眼光，而且敢于冒险，对于有巨大竞争潜力的创新型企业不但提供种子资金，而且能积极参与企业的运作，向创建者提供关于业务计划和发展战略上的建议，并帮助他们寻找合作投资者，招募关键管理人员。他们在董事会任职并为企业提供网络创新经验，所以被投资的创新型企业成功率一般很高。众多的企业家群体成为硅谷园区获得成功的关键要素。

（3）硅谷创造了一种适合于个人创新的非常灵活的组织形式与产业体系。硅谷建立了许多独立的小型科技企业，这些小型创新型企业都拥有自己的技术特色与核心竞争力，实行了高度分散的网络型组织形式，能保证企业的大量外包与相互补充。组织的创新使得硅谷的小型创新企业能迅速将个人新的构思迅速变为新的产品，让硅谷新创的芯片和计算机软、硬件产品能够比其他一体化组织形式的竞争对手更快地推出，形成了所谓的"技术食物链"。这种生物链式的科技价值链结构也展示了硅谷高科技公司横向发展交织成了一种网状的结构。各创新型企业以其所长独立于市场中，同时又相互依赖、相互补充、相互促进、相得益彰、共同发展。园区内的律师事务所、猎头公司、咨询公司、营销机构等中介组织与之配合，共同营造了硅谷的技术生态系统。这是硅谷企业能成功进行创新聚变的秘密之一。

（4）在硅谷的发展过程中形成了有利于技术创新并具有地区特色的硅谷文化。硅谷文化是植根于美国社会文化大背景之下的子文化，具有十分鲜明的市场文化特点与务实精神，充满了竞争向上的精神。"START‐UP"（创业）的口号是硅谷文化的代表，它鼓动人们自由发展自己的潜力，在相互竞争中努力奋斗，追求创新。硅谷文化鼓励承担风险，不断进行新的创业，并且容忍失败。硅谷文化鼓励开放与合作，在中介公司、媒体、非正式组织所提供的交流机会中，企业家、技术人员之间的信息达到互动平衡，这个互动的平衡是在竞争的环境中实现的。硅谷文化是激发创新思维与发明创造的最好土壤，这也是硅谷成功而外界难以模仿的根本原因。

（5）政府对硅谷的强有力支持。硅谷园区虽然不是美国政府刻意设置和特别培育而成的，但在硅谷发展的过程中，政府提供了很大的支持。在政府的提倡与协助下建立了各类风险投资基金，并建立了良性的退出机制，保证了资金的良性运作，降低了投资风险。政府本身对基础的、符合国家科学发展的 R&D 给予直接的资金与各方面的投入；税收政策鼓励企业自己进行 R&D 项目研发。政府还严格实行专利制度，对知识产权进行保护，并促进了技术交易市场的建立。政府对园区内教育、公共事业积极投资；放松反托拉斯政策，以鼓励公司进行创新、合作、并购、整合形成规模与经济集群；建立行业标准，推进技术的完善与进步，从而确立了硅谷在世界范围内的领先地位。

（二）发展中国家和地区科技园的成功经验

发展中国家与地区建立科技园的目的是为了缩小与发达国家的差距，推动本国经济的发展，以适应经济全球化的竞争趋势。但是，任何国家和地区建设技术创新活动集中的科技园，都不能脱离现有的经济技术基础。尽管各个发展中国家和地区的具体情况千差万别，但作为一个共同体来说还是有其共性。这主要表现在发展中国家和地区的经济发展水平落后、缺乏足够的市场需求、技术存量水平较低、市场经济的法律与制度不完善、知识产权保护意识薄弱等。这些都是建设科技园所面临的条件。但是，发展中国家和地区可以借鉴发达国家的成功经验，引进先进国家的技术、设备、资金，超越科技发展的一些中间阶段，实现科技园的快速发展。以下两例是借助于外来科技创新因素，集聚本地创新资源的成功范例：

1. 印度软件技术园区

印度政府根据世界计算机产业发展的趋势与本国语言和人才的优势，在班加罗尔、马德拉斯、海德拉巴设立了计算机软件金三角区，决定以计算机软件产业为园区创新技术发展的主要方向。政府投资了软件科技园的一切基础设施，以优惠的政策吸引了海内外 400 多家著名公司在园区内注册落户。国家免除了公司进出口软件的双重税收；对引进计算机技术的国内中小企业允许 75%～100% 的外商控股；积极推动中小软件公司将产品打入国际市场。园区在美国硅谷加利福尼亚州圣何塞设立了国际商务支持中心，配合了全套先进的服务设施，为园区软件创新企业提供 24 小时全天候服务。调查、推销本国生产的计算机软件产品，并提供国际市场软件需求信息，沟通了软件园内公司与美国业界（包括信息、金融、风险基金、贸易公司等）的联系。软件园的成功对印度经济发展产生了巨大的驱动力，培养了大批的软件人才，使印度成为世界知名的软件大国。

2. 中国台湾的新竹园区

1980 年，中国台湾在台北市西南的新竹设立了第一个科技园——新竹科学工业园区，总面积 2000 平方公里。经过 30 多年的发展，新竹科学工业园已蜚声岛内外，有台湾"硅谷"之称。美国的《Site Selection》杂志评选新竹园为全球十大发展最快科技园中的第一名。目前新竹科技园已有 500 余家企业进驻，从业员工总人数 15 万余人，产值超过 300 亿美元。园区劳动生产率是整个台湾制造业的 2.7 倍，人均获利能力是整个制造业的 3 倍以上。新竹园有十几种科技产品销售量居世界第一。新竹科学工业园的成功是举世公认的，它的成功为我们提供了以下经验。

（1）选址关系到科技园的成败。新竹园的地址选择充分考虑到了地缘、人员因素。新竹自然环境优美，地势平坦，草木茂盛，瀑布、温泉遍布，气候宜人，是著名的风景区。新竹交通便利，距台北约 70 公里，离桃园国际机场 55 公里，距台中、基隆两大国际海港 90 公里，有陆海空立体交通网络。新竹智力资源丰富，这里的"清华大学"、交通大学、"中华工学院"及工业技术研究院等分别有科学、工程应用技术等方面的特长及优势，有人才培养、技术支援等方面的便利条件和设施，为园区的创立和发展注入了智力的源泉，成为园区向前迈进的强大动力。另外，园区附近有电子、电机、玻璃、纺织、机械及石化等较好的工业基础，这些工业部门技术水平较高，基础设施较完善。

（2）规划关系到科技园的兴衰。新竹园建园之初就确定了科学化、学院化、国际化的建园方针，以集成电路产业、计算机及周边产业、通信产业、光电产业、精密机械产业及生物技术产业等具有广阔发展前景的六大高科技领域作为发展方向。新竹园的兴建是经过周密筹划的，整个科学园的完成大体分为三期：第一期，以引进技术密集工业所需的整套技术、科技人员及管理人员为主；第二期，以扩展在国际市场的竞争力为目标，使科学工业园本身具有设计、制造自动机具的能力，补充基础材料和零部件的供应，引导有关学校及科研单位对高技术产业项目进行重点突破，加速科技成果的产业化；第三期，以带动、促进企业家踊跃投资高新技术产业为目标。

（3）政策关系到科技园的前途。为了吸引厂商进入园区，中国台湾颁布了《科学工业园区设置条例》等一系列法规和制度。为入园企业提供税收、土地厂房占用、资金、华侨及外国人投资等方面的优惠政策。同时为了保证园区的高水平发展，还制定了严格的入园标准，规定入园公司必须是技术密集型公司，必须是研究或制造高技术工业产品的科技型企业。

（4）环境关系到科技园的进程。中国台湾当局很重视为科技园营造良好的支撑服务环境。行政管理方面，新竹园设有专门的管理机构，统一协调行政管理事务，形成了三大特色：一切行政管理都以为企业提供高效服为前提；一切变革都以为投资人增加合理便利为依据；一切管理规章都为有利于科技园的发展而制定。新竹园的整个管理具有简单、高效、弹性的特点。基础设施方面，新竹园提供廉价的标准厂房、完备的生产设施以及娱乐、休闲、医疗、教育等配套服务。服务保障方面，新竹园设立邮局、电信局、关税局等单位。此外，园区管理局还提供劳资纠纷、投资服务、企业规划、生活福利、仓储、卫生、安全等多方面的服务。

二、世界科技园的发展趋势

世界科技园的建设和发展形式多样，一般包括孵化器、科学园、科技工业园、高技术产品出口加工区、高技术产业带、科学城、技术城等。按照其复杂程度，可以分为高技术商品加工区、高技术产品开发区和高技术产业综合开发区。世界科技园的发展，呈现出如下趋势。

（一）科技园从少数国家扩展到全球

科技园早期产生于欧美发达国家。据有关资料，1980 年，全球大约只有

50 个科技园，分布在 13 个国家和地区。进入 20 世纪 90 年代，很多发展中国家和地区认识到高新技术在国际竞争中的地位和作用，纷纷制定高新技术产业政策，大力发展科技园区，使科技园分布范围扩大到 48 个国家和地区。除北美、西欧和东亚起步较早外，澳大利亚、巴西、东欧、北欧、东南亚、南亚、西亚等地的许多国家科技园建设取得了很大的进展。科技园的数量和规模正在不断扩大，在全球范围内呈现出明显的地域空间扩散趋势。据不完全统计，目前全世界共创办具有一定规模和影响的科技园 500 多个。

（二）科技园建设方式多元化

由于经济和技术条件的不同，世界各国发展高新技术产业往往采用不同的模式。发达国家高技术产业的发展通常以科学实践为基础，重视基础研究和技术突破，大力开发高新技术，并迅速将高新技术产品推向市场，形成高新技术产业。这种从科学到技术、从技术到生产、从生产到市场的发展模式称为自主式顺向开发模式。发展中国家和地区的科学技术水平和经济承受能力都不如发达国家，采用自主式顺向开发模式并不一定是最佳选择。它们通常采用逆向跟进开发模式，即先从提高市场竞争力入手，采用技术合作，引进生产线，在短期内拿出有一定竞争力的高技术产品，同时通过对国外先进技术的消化、吸收和创新，掌握先进技术，并组织科技攻关，陆续填补高技术研究方面的空缺，缩短科研和技术开发时间，大幅度推进高技术应用进程。对于总体经济能力和科技水平较高的发展中国家和地区或经济发展速度较快的新兴工业化国家，在国防高技术或微电子等某些重点领域，往往采用逆向和顺向混合模式，力图在未来高技术领域占有一席之地。世界科技园建设方式或发展模式呈现多元化趋势。

（三）科技园建设标准与质量的提高

世界科技园的建设不仅重视数量和规模的扩大，更重视科技园建设的质量，这已经成为科技园发展的客观要求和必然趋势。一些国家围绕科技园发展的目标，制定科学的评价体系，对科技园建设效果进行评价，以制定和调整科技园政策和发展方向。如美国从八个方面评价一个科技园的发展状况：

（1）科技人员的流动性；（2）科研与生产之间转化及其相互之间的组织；（3）风险资本的流动性；（4）在发展母子公司中"企业家"精神的发挥；（5）园区设施（如空间、设备）服务和环境质量；（6）地方政府的支持程度；（7）用于研究的公共财政支持程度；（8）公司和园区对国际开放程度。

应当指出，目前世界各国多采取优惠政策扶持科技园的发展，但过多的政策优惠，也有可能产生不公平竞争，甚至导致产业结构的扭曲。如何使政府宏观调控和市场微观调节相结合，使科技园健康稳定地与国民经济协调发展，是科技园建设中需要认真考虑的问题。

三、中国高新技术产业开发区建设的经验及问题

（一）中国高新技术产业开发区的成功经验

我国高新区在发展前期几乎全部由政府主导建立，这是由我国处于社会主义初级阶段的大背景所决定。在高新区建设初期，我国市场经济体制尚不完善，作为创新主体的企业大多是体制尚未完全转换、角色还未到位的国有企业，企业自身内部的治理结构与治理机制尚处于变革时期。我国的大专院校、科研机构尽管都有一定的科技创新能力，但由于和企业的联系不紧密，技术成果向生产实践的转化率很低，项目选择也常常带有学院性质，与生产实际相脱离。在政府的主导与支持下，我国高新区经过 25 年的开发建设，基本上实现了初创阶段的目标。虽然我国高新区目前与国外成功的园区相比有较大的差距，但我国高新区的建设已取得了相当的成就并形成了自己的特色，分析、总结我国高新区建设二十几年来的创新经验对高新区实现创新驱动的新发展模式是十分重要的。

（1）普遍建立了高新区管理委员会，实施"小政府，大服务"的管理体制。实行"一栋楼办公、一个窗口对外、一个图章到底"的责权配套、高效运转的服务原则，为入园企业增加便利。

（2）靠近高等院校科研院所划定高新区区域，对土地统一规划、开发，进行集中化发展。20 多年来，我国科技园产业集群发展取得了显著成效，形成了多个在国际国内具有较强影响力的产业集群板块。为了进一步增强集群

效应，为我国早日建成创新型国家蓄势，近年科技部大力推行创新型产业集群试点，充分发挥集群建设对产业发展的集聚和带动效应，将集群打造成为创新策源地和具有国际竞争能力的产业，探索形成协同创新的推进机制。

（3）制定园区财政、税收、金融、土地、规划、人才等方面的优惠政策，吸引国内外的资金、技术、人才、项目入园，支持企业创新创业。

（4）实施科教体制改革，推动科教机构面向经济建设主战场。政府牵线搭桥，帮助园区企业和科教机构达成经济技术合作，增强园区的技术创新能力。

（5）适应市场经济规律，建立了一系列支撑服务体系。引进咨询、法律、会计、金融、保险、教育、中介等服务机构为园内企业提供各种便利的社会化服务。

（6）发展高新区企业孵化与创业服务职能，形成对种子期、初创期、成长期、成熟期等不同发展阶段企业的全方位服务。截至 2012 年，全国共有 1239 个科技企业孵化器，孵化企业 70217 家，孵化企业总收入达到 4958.3 亿元，累计毕业企业 45160 家，在孵企业人数 143.7 万人[①]。高新区企业孵化与创业服务职能的发挥，有力促进了科技成果转化，大大提高了科技企业创业成功率。

（7）积极推动产业技术创新战略联盟发展。产业技术创新战略联盟是产学研结合的新型技术创新组织，有利于提高产学研结合的组织化程度，在战略层面建立持续稳定、有法律保障的合作关系；有利于整合产业技术创新资源，引导创新要素向优势企业集聚；有利于保障科研与生产紧密衔接，实现创新成果的快速产业化；有利于促进技术集成创新，推动产业结构优化升级，提升产业核心竞争力。在科技部的推动下，到 2013 年，国家产业技术创新战略试点联盟已达到一百多家，国家产业技术创新战略重点培育联盟 41 家，成为科技创新的活跃力量。

（二）中国高新技术产业开发区面临的问题

在国家和地方政府支持下，我国高新区在管理体制设置、综合改革、基

---

① 科技部火炬高技术产业开发中心：《中国火炬统计年鉴》（2013）。

础设施建设、招商引资、创业孵育、发展高新技术产业、改造传统产业、创造就业机会、形成新的经济增长点等方面取得了较好成绩，但同时也存在不少制约高新区进一步发展的不利因素。

（1）高新区数量多、产业结构趋同、发展不平衡。目前，我国已建立了105个国家级高新区，分布在全国各地。从产业结构角度来看，我国高新区大都集中在节能环保、新一代信息技术、生物、高端装备制造、新能源、新材料、新能源汽车等战略性新兴产业领域，缺乏各自的产业特色和区域分工。高新区产业结构趋同带来的问题是，在一个高新区中，难以形成一批上规模、高水平、效益好并富有生机活力的高新技术产业集群。高新区更多地是依靠提供土地和优惠政策来吸引企业进区而形成空间聚集，这种聚集并非缘于其内在机制的建立，即使这些在空间上已形成一定聚集的企业也未显现出强烈的植根性（Embededment），集聚效应不够充分。当某高新区土地成本、劳动力价格及税收优惠发生变化时，区内的一些企业就可能会再次向其他政策更优惠的地方流动，从而导致高新区之间在低水平上的恶性竞争。根据最新的《国家高新技术产业开发区评价指标体系》对国家级高新区"技术创新"、"创业环境"、"发展"、"贡献"、"国际化"的初步评价，各高新区在技术创新能力、经济发展状况和创新创业环境等指标上相差悬殊，有的高新区甚至处于停滞不前的状态。

（2）核心技术创新不足。目前我国的科技成果具有原始创新不足、阶段成果多、成熟成果少，单项成果多、整套技术成果少，跟踪模仿成果多、核心技术创新成果少的特点。随着加入世贸组织（WTO）后知识产权保护的不断强化，这种以跟踪国际先进水平和填补国内空白为主的科研模式，已不适应新时期高新技术产业发展的需求。一项核心技术的缺乏，制约整个产业的发展，如操作系统和通用CPU核心技术的空白，使得我国的企业只能徘徊在计算机和软件产业利润最薄的环节，甚至长期为国外公司贴牌生产，严重影响了我国信息产业的长远发展。特别是长期以来，跨国公司纷纷实施专利和标准战略，通过抢注专利，制定行业标准，设置重重"知识产权壁垒"，在产业利润高端领域形成垄断。如果不跳出"跟踪模仿"的框框，不提高自身的创新能力，不在核心技术方面有所突破，将严重制约我国的高新技术产业发展。

（3）高新区企业 R&D 投入不足。2012 年，在 105 个国家高新区中，企业 R&D 平均投入强度（R&D 支出占高新区总收入的比重）在 4% 以上的只有 2 个高新区，占总数的 1.905%；3% 以上有 4 个，占 3.81%；2% 以上的有 17 个，占 16.19%；其余为 2% 以下。2012 年国家级高新区 R&D 投入强度排名前 20 位地区见表 8 - 1。

表 8 - 1　　　2012 年国家级高新区 R&D 投入强度排序（前 20 位）

R&D 投入强度排序	国家级高新区所属地区	R&D 支出（千元）	总收入（千元）	R&D 投入强度
1	珠海	6330154	156379560	4.05%
2	杭州	9705970	241234793	4.02%
3	青岛	5822849	179434539	3.25%
4	成都	12588664	408602984	3.08%
5	郑州	7436150	242916478	3.06%
6	洛阳	3637890	119148421	3.05%
7	武汉	14987785	500691370	2.99%
8	株洲	3112967	111303347	2.80%
9	天津滨海	12595019	460236805	2.74%
10	齐齐哈尔	555062	20384790	2.72%
11	鞍山	4463528	173638150	2.57%
12	绵阳	2126739	85430365	2.49%
13	广州	9985412	420355263	2.38%
14	襄樊	4045257	176046713	2.30%
15	昌吉	364962	16226264	2.25%
16	保定	1784646	81120527	2.20%
17	威海	2395956	109187151	2.19%
18	东莞	1063345	48607794	2.19%
19	上海张江	17591442	821371951	2.14%
20	合肥	4928139	236014452	2.09%

资料来源：作者根据科技部火炬高技术产业开发中心：《中国火炬统计年鉴》2013 年相关数据计算。

　　高新区科技投入不足，不仅表现在企业 R&D 投入强度低，而且还反映在国家 R&D 资金支持匮乏、R&D 成果工程化、产业化的匹配资金到位不足。

　　（4）"产学研"合作机制不完善，相互依存的专业化分工协作的产业网络尚未形成。我国多数高新区邻近一些大学或研究机构，这些机构也都有相当的研究开发能力，但由于缺乏良好的合作机制，除了中关村等少数高新区外，这些大学或科研机构并未较好地成为高新区创新的重要外溢来源，这与大学和科研机构管理体制的改革滞后有关。同样，在园区内企业之间业务上的关联较少，中小企业为大企业提供专业化配套的不多，高新技术企业尤其是跨国企业所需的关键零配件大多还要从国外进口，区域内产业链和产业联盟发育不足。

　　（5）高新区管理体制和法律法规有待完善。我国高新区创建之初都是清一色的"划定一定区域，实行封闭管理"。但高新区与区外原有体制的权力、利益、责任划分不明，时而产生摩擦。因而高新区管理体制还需进一步探索，以规范管理权限，真正用好高新区产业规划、土地征用、工商注册、人才引进、资金融通等方面政策。尤其在我国加入世贸组织后，行政管理体制改革将逐步深化，许多做法必须适应 WTO 规则。

　　此外，在促进高新技术产业发展的立法方面，我国也较为滞后。风险投资机制、知识产权保护、创业服务网络和科技创新体系等的建设还处于发展初期。中国高新区实现创新驱动最核心最紧要的任务应是建立和完善既符合我国国情又适应高新技术产业自身发展规律的法律体系。

四、中关村国家自主创新示范区的启示

　　建设国家级高新区，是党中央、国务院高瞻远瞩、审时度势，准确把握国际国内经济科技发展形势，在推进改革开放和社会主义现代化建设过程中作出的重大战略部署，是迎接新技术革命挑战，加快推动科技与经济紧密结合的重要举措。1988 年，中关村成为我国第一个国家级高新区，25 年来取得了闻名国际国内的巨大成就，成为中国高新区的缩影和自主创新的一面旗帜。2009 年，国务院批复建设中关村国家自主创新示范区，要求把中关村建设成为具有全球影响力的科技创新中心，中关村成为我国第一个国家自主创

新示范区。因此，分析中关村的发展及其启示，对我国高新区实现新一轮以创新驱动为特征的新发展模式，具有非常重要的借鉴意义。

（一）中关村国家自主创新示范区建设成就①

中关村经过 25 年的发展建设，已经聚集以联想、百度为代表的高新技术企业近 2 万家，形成了以下一代互联网、移动互联网和新一代移动通信、卫星应用、生物和健康、节能环保以及轨道交通等六大优势产业集群以及集成电路、新材料、高端装备与通用航空、新能源和新能源汽车等四大潜力产业集群为代表的高新技术产业集群和高端发展的现代服务业，构建了"一区多园"各具特色的发展格局，成为我国深化改革先行区、开放创新引领区、高端要素聚合区、创新创业集聚地和战略产业策源地。

1. 高新技术产业快速成长

产业规模继续壮大。2012 年中关村示范区总收入达到 2.5 万亿元，同比增长超过 25%，是 2008 年的 2.4 倍，约占全国高新区的 1/7；企业实缴税费 1500 亿元，同比增长超过 50%，约是 2008 年的 3 倍；企业利润总额 1788.6 亿元，同比增长 17%，是 2008 年的 2.5 倍；实现出口 261.7 亿美元，约占全市出口总额近四成。2012 年中关村高新技术企业增加值超过 3600 亿元，近 2008 年的 2 倍，占全市生产总值比重达到 20%，比 2011 年提升一个百分点，对首都经济增长贡献率 25% 左右，为首都稳增长、调结构、促发展做出新贡献。

表 8 - 2　　　　　2008～2012 年中关村主要经济数据

主要经济指标	2008 年	2009 年	2010 年	2011 年	2012 年
总收入（万亿元）	10222.4	13004.6	15940.2	19646.0	25025.0
工业总产值（亿元）	3805.1	4120.5	4988.0	5831.6	6494.7
增加值（亿元）	1934.1	2263.7	2615.1	3111.0	3647.5
利润总额（亿元）	726.3	1122.4	1298.9	1533.9	1788.6

---

①　本部分数据来源于中关村管委会。

续表

主要经济指标	2008 年	2009 年	2010 年	2011 年	2012 年
实缴税费（亿元）	504.0	658.7	767.2	925.8	1445.8
出口总额（亿美元）	207.4	208.2	227.4	237.3	261.7
资产总额（亿元）	14393.2	18862.8	22615.9	29191.1	40386.9
人均总收入（万元）	108.6	122.4	137.7	141.9	157.8
人均增加值（万元）	20.5	21.3	22.6	22.5	23.0

资料来源：中关村管委会，2013 年。

产业结构不断优化。2012 年，现代服务业高端引领优势明显，示范区现代服务业实现总收入约 1.6 万亿元，同比增长 35%，对示范区经济增长贡献率超过 70%，成为首都现代服务业发展的重要引擎（见图 8-1）。设计服务业带动文化创意产业快速增长，文化创意产业实现总收入超过 5000 亿元，占示范区总体的两成以上。先进制造、生物医药、电子信息等领域保持快速增长势头。产业结构实现现代服务业与高端制造业、科技与文化融合发展，初步形成现代产业体系。示范区绿色经济的特色，有力提升首都经济发展质

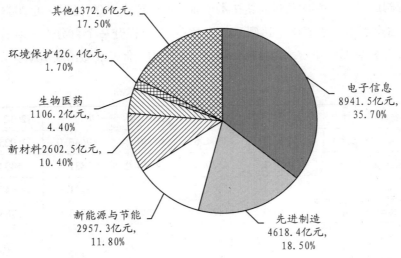

图 8-1　2012 年中关村主要技术领域总收入及占比

资料来源：中关村管委会，2013。

量和效益，2012 年示范区人均总收入 157.8 万元，人均增加值 23 万元，万元增加值能耗仅为全市平均水平的 1/5。

创新能力再度提升。企业研发投入持续增长，2012 年，企业科技活动经费超过 900 亿元，同比增长 25% 以上，是 2008 年的 1.6 倍；科技活动人员超过 40 万人，超过从业人员总数的四分之一，是 2008 年的 1.3 倍；全年新创办科技型企业 4800 家，截至年末，示范区共有企业约 1.5 万家，其中国家高新技术企业 5689 家，为 2008 年的 2.3 倍。2012 年，示范区专利申请量 28159 件，同比增长 28.8%，占全市三成以上，是 2008 年的 1.7 倍；获得专利授权 15407 件，同比增长 22.4%，是 2008 年的 3.6 倍；其中发明专利申请量占专利申请总量的六成左右，每万人拥有发明专利申请量保持增长态势。在 2012 年第 14 届中国专利奖颁奖大会上，4 家中关村企业获得专利金奖，占全部金奖数量的 20%。2012 年示范区技术合同成交额达 2458.5 亿元，占全国近 40%，是 2008 年的 2.4 倍。

2. 高端创新要素集聚

建设中关村人才特区。加快聚集以海外高层次人才为重点的特需人才资源。深入落实中央"千人计划"和北京"海聚工程"，扎实推进中关村"高聚工程"，加快聚集以海外高层次人才为重点的特需人才资源。截至 2012 年年底，示范区共有 604 人入选"千人计划"，占全国的 21.6%；303 人入选"海聚工程"，137 名高端人才及其团队入选"高聚工程"。示范区企业高学历从业人员比重不断攀升，拥有博士学位者达 1.5 万人，硕士学位者 15.7 万人，留学归国人员达 1.6 万人（见图 8-2）。

科技金融机构在中关村聚集的态势进一步增强。一是信用首善之区建设成效明显。企业信用意识不断增强，中关村企业信用促进会会员达到 3810 家，累计有 9000 多家次企业使用各类信用产品 14000 余份。中关村信用双百企业（最具影响力和最具发展潜力企业）达到 412 家，信用星级企业 632 家。累计组织四期小微企业发行集合信用贷款 1.028 亿元。二是持续保持创业投资引领地位。2012 年，中关村创业投资引导资金与 IDG 等创业投资机构合作，累计设立了 22 支子基金，合作规模超过 100 亿元。中关村共发生创业投资案例 240 起，投资金额约 159 亿元，投资案例和投资金额均占全国

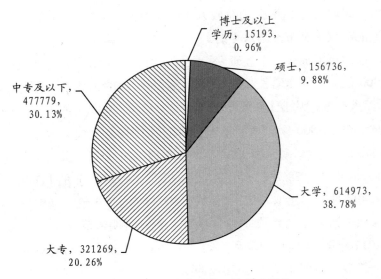

图 8-2 2012 年中关村人才学历结构

资料来源：中关村管委会，2013。

的 1/3 左右，为我国创业投资最活跃的区域。三是"中关村板块"效益增强。截至 2012 年年末，累计 251 家企业参与中关村代办试点，其中已挂牌和通过备案企业 186 家。8 月，试点扩大到上海张江、天津滨海、武汉东湖。9 月，全国中小企业股份转让系统有限责任公司在北京正式成立。2012 年新增上市公司 21 家，上市公司总数达 224 家，IPO 融资额超过 1900 亿元。其中创业板上市公司达 62 家，占全国的 1/7，在创业板形成了"中关村板块"。四是中关村科技信贷创新不断深化。2012 年新增担保 150 亿元。累计有 165 家/次中小企业发行直接融资产品，融资额共计 28 亿元。各银行累计为 373 家企业提供 772 笔信用贷款，实际发放 142 亿元，无一违信行为；信用保险及贸易融资试点工作进展顺利，累计为 60 多家/次企业提供近 200 亿元的信用保险和 10 亿元的贸易融资贷款；累计发放知识产权质押贷款 98.7 亿元；中关村小额贷款公司累计发放贷款 34.8 亿元。

3. 突破一批重点领域关键核心技术

率先突破一批关键核心技术和标准。实施中关村战略性新兴产业集群创新引领工程，明确"641"分梯次产业培育格局，围绕国家重大需求，坚持需求拉动创新，在国家确定的新一代信息技术、节能环保、生物、高端装备制造、新能源、新材料、新能源汽车等七个战略性新兴产业领域，取得了一批关键核心技术突破，共创制标准4431项，其中国际标准103项，国家标准2569项，行业标准1637项，地方标准122项。2012年，中关村七大战略性新兴产业实现总收入超过1.9万亿元，占示范区总量的76.5%。

一是新一代信息技术产业持续引领创新。创制了TD-SCDMA、TD-LTE、宽带无线接入McWiLL国际标准，使我国通信企业与国际企业站在同一起跑线。2012年新一代信息技术产业总收入超过9000亿元。

二是节能环保产业研发实力国际领先。"神舟北极高效集成冷冻站—中央空调关联预测节能控制技术"、"煤气、余热蒸汽综合利用技术"、"分布式能源冷热电联供技术集成"、"干式（机械）真空系统应用于RH工艺技术"等自主研发的节能技术，入选"2012年第三届节能中国十大应用新技术"。形成了节能环保产业集群，2012年节能环保产业总收入1249.8亿元，同比增长约2.5%。

三是生物产业国内领先，新型疫苗与国际同步。2012年生物产业总收入1203亿元，同比增长36.6%。

四是高端装备制造产业引领全国发展。中关村在3D打印方面处于国内领先、国际先进水平。形成了集成电路产业集群和轨道交通产业集群。2012年高端装备与通用航空产业总收入2194.1亿元，同比增长16.9%。

五是新能源产业国际领先。形成了新能源产业集群，包括中关村资源节约与能源管理服务产业联盟、北京新能源产业联盟等产业联盟等。2012年新能源产业总收入590.3亿元，同比下滑9.8%。

六是新材料领域取得重大突破。中科院北京纳米能源与系统研究所发明了世界第一台纳米发电机。有研总院的稀土分离技术处于国际领先地位。中材晶体的非线性光学晶体和红外光学等材料制备技术、集盛星泰基于微纳米技术的新型超级电容器达到国际先进水平，在神舟飞船、探月工程等国家重点工程上获得应用。2012年新材料产业总收入2763.6亿元，同比增长37.3%。

七是新能源汽车产业取得新突破。国内首创的轿车电池自动快换及智能输送系统，技术水平国际领先。精进电动则在高端车用驱动电机领域内具备国际水平，是目前国内唯一一家新能源汽车电机出口企业。2012年新能源汽车产业总收入475.7亿元，同比增长69.2%。

加快战略性新兴产业领域重大科技成果产业化。建立部市会商机制，会同市发改委、市科委等部门明确了第二批战略性新兴产业重大项目157个，统筹100亿元资金支持国家科技重大专项500余项、科技成果产业化项目243项。积极承接和推动重大工程材料服役安全研究评价设施、蛋白质科学研究设施等6个重大科技基础设施在京落地建设。围绕城市运行管理和建设等方面开展多个重大应用示范项目，自主研发的超滤膜装置、病毒检测生物芯片、"绿翼"智能交通系统、集装箱检测系统、基于射频识别（RFID）技术的食品安全追溯管理系统、互联网有害信息过滤和舆情监控保障工作等项目在节能环保、医疗卫生、智能交通、食品安全、城市安全等领域均取得了重要的成果。支持联盟牵头开展重大项目应用示范，47家联盟获得1.1亿元资金支持，推动成立中关村未来制造业联盟、中关村大数据联盟等8家新联盟。

4. 整合全球资源，提升国际化水平

整合利用全球资源能力进一步提高。2012年，示范区企业拥有我国港澳台和外籍从业人员6929人，纳入统计范围的外资企业（含外商投资和港澳台投资企业）共1671家，外资研发机构数263个。年内共有296家企业开展境外直接投资，较上年增加108家，对境外直接投资额高达331.9亿元，较上年增长了1.1倍；143家企业在境外设立分支机构457家，较上年增加186家。截至年底，共有79家企业境外上市，占示范区上市企业总数的35.2%。2012年示范区海外并购案例数达到14起，较上年增加5起，其中并购加拿大企业4起，并购香港和美国的企业各3起。

出口增速近五年来首次上升至两位数。2012年，中关村示范区实现出口261.7亿美元，较上年增长10.3%，增幅高于2011年6个百分点，增速为近5年的最高值，占北京市出口总额四成以上。

国际交流与合作持续深化。目前，示范区已与法国索菲亚科技园区、加拿大渥太华创新中心、芬兰贸易协会、以色列科研机构、芬兰科技产业协会、中国香港科技园区及俄罗斯"斯科尔科沃基金会"等近 20 个国际科技创新区及地方政府建立了长期合作关系；进一步推动了中外双方企业深入开展科技经济项目合作，促进了与加拿大、法国、英国、德国、布鲁塞尔、韩国、中国香港等投资促进机构建立了良好关系，并积极推动了京台科技交流。

（二）中关村国家自主创新示范区发展模式

中关村国家自主创新示范区"深化改革先行区、开放创新引领区、高端要素聚合区、创新创业集聚地、战略产业策源地"效应的发挥，是由其独特的发展模式所决定的。主要表现在以下方面。

1. 园区创建方式

中关村国家自主创新示范区起源于 20 世纪 80 年代初的"中关村电子一条街"。当时的"电子一条街"是自发形成的。1988 年 5 月，国务院批准成立北京新技术产业开发试验区（中关村科技园区前身），由此中关村成为中国第一个高科技园区，在政府主导下开始了新的发展历程。1999 年 6 月，国务院要求加快建设中关村科技园区；2005 年 8 月，国务院作出关于支持做强中关村科技园区的决策；2009 年 3 月 13 日，国务院批复建设中关村国家自主创新示范区，要求把中关村建设成为具有全球影响力的科技创新中心，成为我国第一个国家自主创新示范区；2011 年 1 月 26 日，国务院批复同意《中关村国家自主创新示范区发展规划纲要（2011 ~ 2020 年)》；2012 年 10 月 13 日，国务院批复同意调整中关村国家自主创新示范区空间规模和布局，成为中关村发展新的重大里程碑。

政府主导型创建方式，符合我国作为发展中国家的国情。这种管理模式的优势在于，政府拥有强大的行政管理权，可以采取行政的命令，强制性将资源在最短的时间内聚集。政府可以通过制定吸引科研机构入园的政策，使入园的企业和科研机构享受到别的企业无法享受到的优惠政策，这样就利用利益驱动机制，促成了科技园的初期发展。

2. 示范区管理体制

中关村"一区多园"的空间格局包括东城园、西城园、朝阳园、海淀园、丰台园、石景山园、门头沟园、房山园、通州园、顺义园、大兴—亦庄园、昌平园、平谷园、怀柔园、密云园、延庆园16个园区。示范区管理体制如图8-3所示。

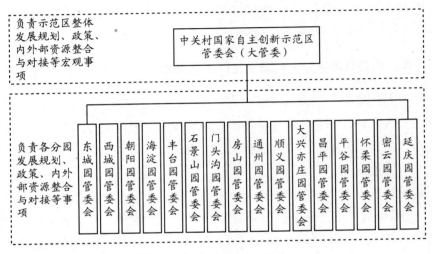

图8-3　中关村国家自主创新示范区管理模式示意

这种管理体制既保持了中关村的整体统一性，又充分发挥了各分园的相对独立性与自主性。2010年12月31日，在中关村国家自主创新示范区部际协调小组领导机制下，"中关村科技创新和产业化促进中心"（简称首都创新资源平台）在京成立。首都创新资源平台由国家有关部门和北京市共同组建，重在进一步整合首都高等院校、科研院所、中央企业、高科技企业等创新资源，采取特事特办、跨层级联合审批模式，落实国务院同意的各项先行先试改革政策。

平台下设重大科技成果产业化项目审批联席会议办公室、科技金融工作组、人才工作组、新技术新产品政府采购和应用推广工作组、政策先行先试工作组、规划建设工作组和中关村科学城工作组等7个工作机构，由来自北京市29个部门（单位）、中关村10个分园的99名工作人员常驻办公，来自19个国家部委的37名负责人参与重大事项的决策审批，围绕重大科技成果转化和产业化项目、先行先试政策扶持等13项受理事项开展工作。首都创新资源平台主要工作内容包括五个方面：一是研究和落实中央与北京市支持示范区发展的各项政策；二是开展政策宣传和辅导；三是开展联合审批事项的申报受理；四是组织跨层级、跨部门联合审批；五是加强信息沟通和报送工作。首都创新资源平台为推动中关村创新发展提供了强有力的服务保障。

3. 示范区创新模式

大力推动政产学研用协同创新体系建设。2012 年，活跃在中关村示范区的协会组织达百余家，拥有近 2 万家会员企业，覆盖了中关村各个产业和技术中介服务领域。产业联盟约 76 家，成员单位近 5320 家。深入实施"中关村开放实验室工程"，2012 年新挂牌开放实验室 25 家，开放实验室总量达到 134 家。已启动建设检验检测、研发服务等公共服务平台 50 个；推进中科院、北大、清华与北京市共建技术转移中心的建设，对中科院、北大、清华等 15 家产业技术研究院（技术转移中心）共给予 5400 万元的资金支持；支持产业技术研究院组织建立了 51 个联合实验室、70 个研发中心和 11 个中试基地。中关村已经形成了以企业为主体，政产学研用单位参与，具有明确的资源整合、合作运营、利益分享的运行机制，成为中关村创新体系重要的组成部分，并为全国其他地区联盟发展起到了示范作用。

不断优化有利于小微企业孵化和成长的创业环境。建立以大学科技园、科技企业孵化器、留学人员创业园、天使投资机构等各类创业孵化机构组成的创新创业服务体系，孵化总面积超过 320 万平方米，累计入驻企业超过 12000 家，累计毕业企业超过 7000 家，当年在孵企业超过 5000 家，当年新入驻企业超过 1000 家。挖掘培育以清华科技园、创新工场、车库咖啡等创业孵化机构采用"孵化 + 投资"的新型创业孵化模式。目前，示范区拥有各类创业孵化机构 100 余家，认定创新型孵化器 15 家，初步形成了涵盖早期项目孵化、天使投资、创业教育、创业媒体、创业社区等环节的创业服务新业态。

持续支持创新型企业做大做强。一是深入开展"十百千工程"，加大"一企一策"服务力度；设立"十百千工程"专项资金，累计为 99 家企业提供 8927.64 万元资金支持。2012 年，示范区进入过亿元的企业达到 1897 家，比上年增加 249 家，其中 10 亿元以上企业数达到 342 家，比上年增加 60 家；百亿元企业数达到 45 家，较上年增加 14 家；过千亿元企业 3 家。截至 2012 年年底，"十百千工程"重点培育企业累计 426 家，实现总收入 1.1 万亿元，超过示范区总收入的 40%，涌现出联想、北大方正、百度在线等一批创新型领军企业。二是持续开展"瞪羚计划"，通过市场化的方式筛选出创新能力强和增长速度快的瞪羚企业 3000 多家，2012 年重点培育瞪羚企业达 896 家，实现总收入 1453.3 亿元，同比增长 15%，涌现出小米科技、网秦天下等一批"专、特、精、新"的高成长企业。三是积极开展政府采购新技术新产品试点，建立了多部门协同、市区联动、军民融合的新技术新产品政府采购和应用推广工作机制

4. 示范区运行机制

官产学协力机制方面，中关村国家自主创新示范区是全国官产学密切合作、良性互动的典范。中关村与 60 多家中央企业和高校院所共建中关村科学城和未来科技城，支持大学、科研机构和企业协同创新。

发展资金筹集方面，充分发挥政府在政策、资金、项目等方面的引导作用，通过一系列专项资金，运用政府补助、股权投资、贷款贴息、政策性担保及风险投资引导基金等多种方式，鼓励企业积极投入，引导社会资金参与，形成了多元化、多渠道的科技投入体系。北京市建立了全市每年 100 亿元的资金统筹机制，由市发改委、科委、经信委等相关部门参与资金统筹，支持对全市乃至国家发展具有战略意义的重大项目。

企业准入方面，围绕中关村国家自主创新示范区整体定位及各分园自身定位，要做强做大一批具有全球影响力的创新型企业，培育一批国际知名品牌，重点吸引战略性新兴产业领域拥有核心技术、自有知识产权或专利，且具有快速发展前景的企业。近年来，通过"十百千工程"、"瞪羚计划"等的实施，涌现出以百度、联想、北大方正等一批创新型领军企业以及以小米科技、网秦天下等为代表的"专、特、精、新"的高成长企业。

要素流动方面，中关村成为重要的高端要素聚合区以及战略产业策源地，影响力、辐射力不断增强。2012 年，中关村及北京市输出技术合同成交额 2458.5 亿元，占全国的 38.2%。从技术交易流向来看，技术交易出口占比 17%。2012 年，中关村及北京市技术出口领域以软件、通信技术、航天技术和海洋工程等高端技术为主，占出口技术合同成交额的 71.7%。

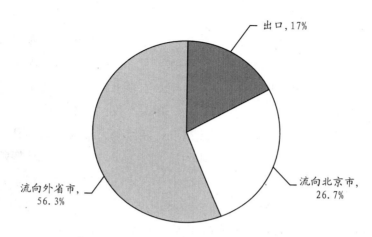

图 8 - 4　2012 年中关村技术交易额流向分布

资料来源：中关村管委会，2013。

　　风险投资方面，中关村是我国风险投资最活跃的区域，每年发生的创业投资案例和投资金额均占全国的 1/3 左右。中关村组织开展"创业中关村"系列活动，不断完善中关村初创期企业和创业投资机构、天使投资人之间的沟通渠道，大力推动天使投资和创业投资发展，推动设立中关村瞪羚基金、中关村轨道交通产业投资基金、中关村"新三板"基金等，建立了较为完善的风险投资体系。

　　人才激励方面，作为首个国家自主创新示范区，中关村享有"1 + 6"政策[①]的先行先试权。在科技成果处置权和收益权、股权激励个人所得税、股权激励试点、科研经费分配管理体制等方面享有"特殊权利"。中关村享有人才特区 13 项特殊政策[②]，通过实行直接落户、资金资助、定向租赁住房等 13 项特殊政策，吸引高层次人才到中关村创新创业。建成了"中关村高端人才创业基地"，大力拓展人才发展平台。通过设立海外人才联络处、创新高端人才评价机制等方式不断健全海外人才引进机制。

――――――――

　　① "1"是指搭建首都创新资源平台，"6"是在中关村深化实施先行先试改革的 6 条新政策，即科技成果处置权和收益权改革、股权激励个人所得税改革、股权激励试点方案审批、科研经费分配管理体制改革、建立统一监管下的全国场外交易市场、高新技术企业认定等六个方面。
　　② 见《关于中关村国家自主创新示范区建设人才特区的若干意见》，2011 年。

5. 示范区制度与非制度因素

中关村不断完善法制环境和创新文化环境。出台了《关于为中关村国家自主创新示范区发展提供司法保障的工作意见》，为示范区发展提供了有力的司法保障。初步形成了有利于自主创新的体制机制框架和文化氛围。人才资源、科技创新、股权激励、科技金融、知识产权、技术转移、科技成果产业化、公共服务等方面的体制机制改革取得新突破，形成激励创新、鼓励创业、宽容失败的文化氛围，创新创业的活力进一步增强。在这种特殊的文化环境中，成长出以联想的柳传志、百度的李彦宏、博奥生物的程京、中星微电子的邓中翰、科兴生物的尹卫东、碧水源的文剑平、神雾热能的吴道洪、创新工场的李开复等为代表的一批国内外有影响的新老企业家。

五、中国高新技术产业开发区实现创新驱动的对策

（一）中国高新区实现创新驱动的战略系统

本研究在科技园国际比较和理论分析的基础上，针对我国高新区的开发特点，尝试提出中国高新区实现创新驱动的战略系统观点：认为实现创新驱动应遵循高新技术产业成长的内在规律，不仅要解决科技园的国内外竞争问题，还要解决高新区与中国经济社会的融合问题——把高新区实现创新驱动战略融入我国国民经济和社会发展的大目标中来，而不是游离在外。实现创新驱动的战略系统由以下观点组成。

（1）战略目标：为全面建设小康社会，将我国建设成为创新型国家，实现高新技术的产业化、国际化——并不是为建设高新区而发展高新技术产业。

（2）战略思想：以信息化带动工业化，以工业化促进信息化，走科技含量高、经济效益好、资源消耗低、环境污染少、人力资源优势得到充分发挥的新型工业化道路——而不是能购地、能建房、能交税就行。

（3）战略主体：政府主导，工商企业界、教育科技界并驾齐驱，三元参与——通过制度创新，改变过去"特区型"、"封闭式"政府强力管理的单一格局。

（4）战略阶段：我国高新区仍处在新型工业化阶段，必须抓住世界经济调整的契机，继续营造良好的软硬环境，加大招商引资力度，加速全球战略性新兴产业向高新区的聚集。

（5）战略步骤：高新区从诞生之日起，就发挥着增长极的作用，但目前仍以增长极的能量积蓄为主，能量释放初现端倪。对先进技术必须坚持引进吸收与自主创新并举，发展高新技术产业与改造传统产业并重，逐步推动国际化进程，利用国际国内两个市场配置两种资源，最终在世界经济领域参与国际化分工。

（6）战略原则：三轮驱动原则、网络创新原则、产业聚变和孵化裂变原则、法制与文化原则。

① 三轮驱动原则。科技园宗旨是实现科技与经济的紧密结合，最终实现国家竞争力的提升。这就要求科技必须面向经济建设；经济必须依靠科技进步；政府必须协调科技产业的发展。我国科技园的建设需要突破过去单一的政府强力体制，向政府、大学和科研机构、企业三轮驱动机制转变。政府应该通过法律法规、经济杠杆、政策激励等一系列导向性制度安排，促使大学和科研院所改变传统办学科研模式，转向按市场需求进行应用型研究，培养应用型人才，取得应用型收益；促使企业追求技术进步，增加科技投入，寻求与大学和科研院所的合作开发；促进政府转变行政职能，提高服务效率，加快技术立法。

② 网络创新原则。无疑，科技创新是任何一个科技园的核心所在，不谈科技创新也就不成其为科技园。科技创新能力越强，科技园的生命力就越旺盛——是科技创新成就了美国硅谷。西方学者提出的网络组织理论认为，网络组织是处理系统创新事宜所需要的一种新的制度安排。可见，创新是难以离开网络的。科技园的组建和发展过程，其实是一个网络组织的形成和发展过程。应该说，区域创新网络的形成是科技园发展成熟的最本质特征。对这一点，我国科技园目前认识还不到位。园区服务机构绝大部分精力放在企业入园服务方面，园内企业大都是各自为战，彼此间缺乏联络与互动，这种状况必须改变。科技园应重视起创新网络的培植，致力于区域创新能力的提升。

③ 产业聚变和孵化裂变原则。产业聚变是基于"聚集经济"形成的。著名经济学家马歇尔早在十九世纪末就认为，专门的工业会因为各种原因而集中于特定的地方。这种空间上的局部集中会生产出在分散状态下所没有的经济效率和额外好处。孵化裂变是基于孵化理论，为培植新生企业而设计的人工调适环境，促进中小型科技企业大量繁衍和蓬勃发展而产生技术分裂分工，产业分蘖分长。产业聚变和孵化裂变互为基础，相得益彰，共同推动科技园快速成长。由于体制原因，我国科技园较为注重眼前的经济业绩，缺乏自身产业战略思考。"一个篮子什么都装"，攀比每年的技工贸总收入和税费增长率，在"五花八门"的优惠政策下相互进行恶性竞争。

④ 法制与文化原则。市场经济是法制经济，科技创新既要依法保护也要依法进行。"特区型"、"封闭式"管理的一个重要弊端就是容易滋生入园企业把科技园作为违法违纪的庇护伞，科技园则为了自身业绩予以配合。这会从根本上毒害科技园创业环境。科技园应努力成为"热情服务、严格执法"的模范区。但科技创新仅有法制是不够的。阿罗在1962年就指出，"无论是完全竞争还是垄断市场结构下的创新，其创新水平都将低于社会最优水平。要减少这种市场自然引致的创新水平与社会最优水平之间的差距，只有以非市场的激励才能达到。"文化能从人们的思想深处鼓舞企业的创新精神。科技园不仅要吸收世界先进的竞合文化来激励，还要挖掘民族的传统文化来滋润。它需要科技园管理者拿出一定的精力和财力长时间地进行培育。

（7）战略措施：大力加强制度建设；努力营造创新网络；精心培育创业文化。

实现创新驱动最核心的是制度建设。市场经济需要法制，必须遵循高新技术产业的成长规律，尽快完善经济立法，以调动积极因素，配置各种资源，规范经济行为。本研究始终强调制度的重要性，在分析园区的运行机制、创新模式等问题时，将制度建设作为一个基础问题加以重视。在分析制度问题时，又特别强调了加快高新区立法工作的重要性和迫切性。

科技园的生命在于"创新"——创新能力越强，科技园的生命力就越旺盛。但"创新"有赖于区域网络组织的形成，而网络组织上的节点就是各个科技企业。以往国内学者对高新区的研究，较多关注政府及其派出机构对园区发展的影响，而忽视了园区内各个主体之间的相互作用——而这正是科技园生命机能之所在。高新区的实现创新驱动需要建设者们更多地关注企业，努力营造区域创新网络。

创业文化是科技园的"灵魂"。"硅谷精神"创造了硅谷活力，但"硅谷精神难以仿效"。创业文化应该摆上实现创新驱动的议事日程，一定要把几千年儒家优秀的传统文化与现代科技结合起来，在科技园内精心培育赶超文化、竞合文化、诚信文化，形成社会氛围，以弘扬有中国特色的创业文化。

（二）中国高新区实现创新驱动的对策

依据上述实现创新驱动的战略系统观点，我国高新区应积极采取以下相应对策。

1. 坚持以人为本制定人才政策，增强对优秀人才的吸引力

人是一切生产要素中最积极最活跃的要素。以人为本是发展高新技术产业的动力基础。当今世界的经济战说到底是一场创新战，是人才的较量，谁拥有了人才，谁就把握了主动权就会赢得未来。必须确立劳动、资本、技术和管理等生产要素按贡献参与分配的原则，通过深化分配制度改革，积极探索岗位期权、技术股权等多种分配形式，从个人的所得上体现开发人员、管理人员的智力投入。加大知识产权的保护力度，以激励科技人员的创新行为，切实重视人力资源在高新技术产业化、国际化过程中的重要作用，大力吸引和汇集一批经济技术管理研发人才以及企业家。

2. 提供宽松的资本环境，进一步推动社会资本参与科技研发和成果转化

金融资本与科技产业的结合是国家创新体系的重要组成部分，也是高技术产业化成败的关键。社会融资问题是我国科技型企业发展壮大过程中遇到的最大难题。要采取切实可行的措施，研究和制定科学有效的机制和相关配套政策，促进社会各类资金参与到高新技术产业化事业中来，不断放大财政引导资金的杠杆作用。在积极争取各级财政资金支持的同时，加大同国有商业银行、政策性银行以及其他金融机构合作的力度，定期举办科技产业与资本市场论坛，建立与金融界的对话机制。积极培育和发展风险投资，建立风

险投资的补偿机制与激励机制，充分发挥税收杠杆对风险投资的"导向"作用，引导民间资金流向高新技术产业。积极探索科技成果产权交易及科技型企业产权重组的渠道，健全产权制度，发展产权市场，建立资本与技术对接的交易平台。加快高新技术企业股份制改造的步伐，充分利用证券市场，积极推荐高新技术企业到主板市场、海外资本市场上市。放宽中小型高新技术企业股票上市的限制条件，为风险投资建立安全有效的退出机制。积极利用债券市场，对高技术园区建设中政府投资不足的部分，通过债券市场予以解决。鼓励企业申报国家科技计划，争取更多的基础研究经费。充分利用WTO平台，加大高新技术产业的开放力度，鼓励、推动科技企业同国外公司的各种形式的合作，逐步建立起的多渠道、多层次、多元化的投资体系。

3. 加快改革步伐，转变政府职能，走市场调节与政府调控相结合的路子

坚持市场调节与政府调控相结合，是高新技术产业发展的重要措施。在推进科技成果产业化的进程中，要把市场需求、社会需求和国家安全需求作为工作的基本出发点，强化企业的技术创新主体地位，充分发挥市场机制在配置科技资源、引导科技活动方面的决定性作用，推动绝大多数科技力量进入市场创新创业。在充分运用市场机制的基础上，正确发挥政府的宏观调控作用，统筹规划，突出重点，在我国有比较优势、产业关联度大、市场前景好以及有利于解决国民经济重点、热点、难点的技术和产业领域，优选一批重大项目，集中力量，协同攻关，取得突破。按照党的十八届三中全会要求，健全宏观调控体系、全面正确履行政府职能、优化政府组织结构，转变思想观念和工作作风，树立为高新技术及其产业发展服务的思想，提高政府服务水平，认真解决政府工作缺位、越位和错位的问题，进一步完善高新技术产业发展的政策环境。

4. 进一步完善"产、学、研"合作机制，建立相互依存的产业簇群

知识经济时代突显知识是价值的核心。与全球科技园一样，我国高新区多数设在国家或省部属高等院校、科研院所、重点学科、重点实验室、工程技术中心等的集聚地区。它们是高新区的心脏和动脉。加强高新区和周围高校、科研院所的联系，进一步完善"产、学、研"合作机制，是中国高技术园区实现快速发展的必要措施之一。

继续深化科教体制改革，面向科技企业建立共享实验室和开放课堂体系，放宽对教研人员创业的限制，鼓励研究成果的尽快转移与扩散，支持他们到高新区企业实习、兼职、担当技术顾问、承担技术课题，以形成高新区的产业发展与高校、科研机构的教育、研发互动互补和利益共享的关系。

同时，高新区应逐步淡化招商引资的政策优惠导向，转到加强产业簇群的发展上来。空间上的"乌合之众"不能产生聚变效应。高新区一方面要坚持以分工协作、本地结网形成产业链的原则来安排项目，努力形成大中小企业紧密配合、专业分工与协作的网络体系。如主动为园内的跨国公司等"旗舰企业"积极引进关联配套企业，以增强其植根性，并形成特色产业。另一方面要健全中介服务体系，大力培育和规范各种中介服务机构，如管理咨询公司、技术咨询公司、科技成果交易中心、知识产权事务中心、律师事务所、会计师事务所等，为园内高新技术产业簇群的发展提供服务支撑。

5. 处理好培育中小企业，发展民营企业，支持重点企业的关系

中小企业是国民经济中富有活力的增长点，是解决社会就业强有力的保障。对中小企业的发展，要鼓励竞争，使其在市场中优胜劣汰，由小到大。国家应重点培育其技术创新能力，提高其经营管理水平，使之成为我国高新技术产业的不竭源泉。

大企业是高新技术产业的"旗舰"，具有强大的产业聚集和辐射能量。支持重点企业和支柱产业，既是世界各国科技园发展的总方向，也是加快我国高新区发展的有效措施。结合我国高新区产业规模偏小、企业集团少的实际情况，政府要采取有力措施，在具有比较优势的领域，重点培育大企业和支柱产业。要培育一批收入达到十亿元、百亿元、千亿元的创新型企业，提升我国高新技术产业的国际竞争力。

大力借助民间力量，利用民间的技术和资金，加快发展民营科技企业，这在社会主义初级阶段具有十分重要的现实意义。应把发展民营科技企业列入重要议事日程，要像对待国有企业一样，关心、支持和帮助民营科技企业，给予其"国民"待遇。提高民营科技企业在高新区中的比重，促进高新技术产业更加富有活力地向前发展。

6. 进一步完善国家高新区的法制建设

高新区作为高新技术产业发展的基地，必需依赖宽松有利的外部环境（如政策环境和法律环境）。为创造这样一个宽松环境，我国政府相继出台了一系列政策，如《国家高新技术产业开发区若干政策的暂行规定》（国家科委，1991）、《国家高新技术产业开发区税收政策的规定》（国家税务局，1991）等，对促进高新区的快速发展发挥了积极作用。但政策易受形势和领导人意志的影响，多变不稳定，不像法律那样能够体现和反映国家意志、具有强制力和约束力，必须得到广泛的实施和普遍的执行。高新区发展中存在的产业结构趋同、科技投入不足等问题，同这一领域的法律体系薄弱有着密切的关系。因此，应把我国在高新区发展中的成功经验和政策加以总结和升华，上升为具有权威性、强制性和规范性的法律，制定《中国高新技术产业开发区法》，依法治区。

7. 加强国际合作，"引进来""走出去"，配置内外资源

在经济全球化和我国加入 WTO 的大背景下，必须采取主动出击的策略，加快高新技术产业国际化进程，充分运用国际和国内两个市场、两种资源，发挥我国科学技术的比较优势，不断向深层次推进。一方面，要继续利用市场和环境优势，加大招商引资力度，吸引更多的科技型外资企业和跨国公司研发中心来华投资设点；另一方面，要积极创造条件，扩大有比较优势的科技产品出口，引导有竞争优势的科技企业到境外投资。充分利用当今世界先进的科技成果和国际资本，以更加积极的姿态迎接经济全球化的挑战，全面提升国内科技型企业的国际竞争力。

8. 发挥各级政府和科技管理部门的创造性，加强国家高新区的区域创新体系建设

建设高新区，是我国经济和科技体制改革的重要成果，是符合我国国情的发展高新技术产业的有效途径。要充分调动地方政府的积极性，建立以高新区为依托的区域创新体系。进一步加大国家高新区综合配套改革力度，制定和完善国家高新区和高新技术企业的评价体系和考核办法。加强对国家高新区及企业的监督、评估工作，对于少数不再具备条件、管理不善、在发展高新技术产业方面成效不大的开发区和企业，取消其国家高新区和高新技术

企业的资格。同时应选择少数有基础、有条件、有优势的国家高新区，实行扶持政策，鼓励大胆探索，尽快形成在国际上有影响的高新技术产业化基地，对全国高新区建设和高新技术产业发展提供经验。

9. 以儒家思想作灵魂主导，培育有民族特色的儒家创业文化

经济全球化不仅是对民族经济的挑战，而且也是对民族国家的挑战。我国作为一个发展中国家，能够借助世界新经济的发展成果，发挥后发优势，实现跨越式发展。时至 21 世纪的今天，几千年的儒家文化仍是中华民族的主流文化，她使中华文明世代沿袭，日益显示其顽强的生命力。诚然，儒家文化并不是十全十美没有瑕疵，但她最大的优点也是其"生命内核"就在于：对人类一切先进的文化能兼收并蓄，与时俱进。

新经济时代，我国要发展高新技术产业，需要努力促进儒家文化与新经济、新科技的结合，并以儒家思想作灵魂主导，形成有中国特色的我们自己的儒家创业文化——儒家赶超文化。

参 考 文 献

[1] Annalee Sexenian. *Regional Advantage*: *Culture and Competition in Silicon Valley and Route*. 128, H. U. P.

[2] Axelason, B. and Easton, G. *Industrial Networks*: *A new View of reality*. Routledge, Longdon, 1992.

[3] Bresson, C. and Amease F. *Networks of Innovations*: *A Review and Introduction to the Issue*. Research Policy, 1996. 2: 363 – 379.

[4] Burt, R. S. 1992, *Structural Holes*: *The Social Structure of Competition*. Harvard University Press, Cambridge, MA.

[5] Diamond, P. *Aggregate Demand Management in Search Equilibrium*. Journal of Political Economy, 1982. 9: 881 – 894.

[6] Donald J. *Opening Speech at the World Cogress on Local Cluster*. OECD, Paris, Jan. 24, 2001.

[7] Dox, Y. L. , P. M. Olk and P. S. Ring. *Formation Processes of R&D Consortia*: *Which path to take? Where does it lead?* Strategic Management Journal, 2000. 3: 239 – 266.

[8] Dunning, J. H. *Alliance Capitalism and Global Business*. London: Routledge. 1997.

[9] Eric W. Jakobsen. *Value Creation in Clusterd Industries*, *Results and Policy Recommendations from the Project*: *A Value Creating*, Norway Utrecht, 2000.

[10] Freeman, C. Networks of Innovators: *A Sythesis of Research Issues*, Re-

search Policy, 1991. 2: 499 – 514.

[11] Harris, L. , A. M. Coles and K. Dickson, *Building innovation networks: Issues of stratery and expertise*, Technology Analysis & Strategic Management 2000. 2: 229 – 241.

[12] Imai. K and Y. Baha. *Systemic innovation and croo – border networks: Transcending markets and productivity*, The Challenge for economic Policy. OECD, Paris, 1991.

[13] Losch, August. *The Economics of Location.* New Haven: Yale University Press, 1954.

[14] Martin L. *Sequential Location Contests in the Presence of Agglomeration Economics.* Working Paper, University of Washington, 1999.

[15] Perroux, F. 1970. *Note on the Concept of " Growth Poles "* . In McKee, L. D. et al. (eds.) *Regional Economics: Theory and Practice.* The Free Press, New York. .

[16] Porter, M. E. *Clusters and the new economics of competition.* Harvard Business Review, 1998, Nov – Dec: 77 – 90.

[17] Porter, M. E. *Location, Competition, and Economic Development: Local Clusters in a Global Economy.* Economic Development Quarterly, 2000. 14: 15 – 35.

[18] Robertson P. L. and R. N. Langlois. Innovation, networks, and vertical intergration. Research Policy, 1995, 24: 543 – 562.

[19] Saxenian, A. *Regional Advantage: Culture and Competition in Silicon Valley and Route* 128. Harvard University Press: Cambridge, MA, 1994.

[20] Stephen S. Cohn. Gary Fields. *Social Capital and Capital Gains in Silicon Valley*, California Management Reviews, Winter 1999. 2: 108 – 130.

[21] Steve J. Bass. *Japanese Reseach Parks: National Policy and Local Development.* Regional Studies, 1998. 5: 38 – 44.

[22] Weber, Alfred. *Theory of Location Industries.* Chicago: University of Chicago Press, 1929: 126 – 134.

［23］陈冰：《印度软件技术园区政策初探》，载于《全球科技经济瞭望》2001 年第 9 期。

［24］陈荣佳：《硅谷，离我们有多远？——对我国高科技园区建设热的冷思考》，载于《厦门特区党校学报》2000 年第 3 期。

［25］D. 诺思：《经济史中的结构与变迁》，上海三联书店 1991 年版。

［26］D. 诺思：《西方世界的兴起》，华夏出版社 1999 年版。

［27］D. 诺思：《制度、制度变迁与经济绩效》，上海三联书店 1994 年版。

［28］《火炬计划基本概念及习惯名词术语解释》，中华人民共和国科学技术委员会，火炬高技术产业开发中心，1993 年 7 月。

［29］科技部火炬高技术产业开发中心：《中国火炬统计年鉴》（2013）。

［30］科技部火炬高技术产业开发中心：《2011 年国家高新技术产业开发区综合发展与数据分析报告》，载于《中国科技产业》（2012）。

［31］科学工业园区管理局：载于《2011 新竹科学工业园区年报》。

［32］科技部火炬高技术产业开发中心，安磊、陈晴：《新时期科技企业孵化工作的战略思考》，载于《中国科技产业》（2013）。

［33］李健：《以全球视野谋划和推动科技创新》，载于《中国科技产业》（2013）。

［34］M. 卡斯特尔等：《世界的高技术园区》，北京理工大学出版社 1998 年版。

［35］内森·罗森堡，L. E. 小伯泽尔．《西方致富之路》，三联书店（香港）有限公司 1989 年版。

［36］《马克思恩格斯选集》第二卷，人民出版社 1972 年版。

［37］《马克思恩格斯选集》第二卷，人民出版社 1972 年版。

［38］《马克思恩格斯选集》第一卷，人民出版社 1972 年版。

［39］《国家高新技术产业开发区十五和 2010 年发展规划纲要》，中华人民共和国科学技术部，2001，9。

［40］吴敬琏：《发展中国高新技术产业：制度重于技术》，中国发展出版社 2002 年版。

［41］唐任伍：《世界经济大趋势研究》．北京师范大学出版社 2001 年版。

［42］顾朝林、赵令勋：《中国高新科技创业园区》，中信出版社 1998 年版。

［43］李彦斌：《美国硅谷成功经验的分析和借鉴》，载于《科技管理研究》2001 年第 6 期。

［44］李永周：《美国硅谷发展与风险投资》，载于《科技进步与对策》2000 年第 11 期。

［45］李寿德、柯大钢：《世界著名科技园区发展的动因、条件与启示》，载于《中外科技信息》，2001 年第 2 期。

［46］李新春：《高新技术创新网络——美国硅谷与 128 号公路的比较》，载于《中外科技信息》2000 年第 1 期。

［47］刘慧宇：《日本科学工业园区及其特点》，载于《技术经济与管理研究》2000 年第 6 期。

［48］刘乃全：《区域经济理论的新发展》，载于《外国经济与管理》2000 年第 9 期。

［49］刘滨：《与时俱进、锐意创新、努力建设中关村国家自主创新示范区》，载于《中国科技产业》2001 年第 10 期。

［50］刘友金、黄鲁成：《产业群集的区域创新优势与我国高新区的发展》，载于《中国工业经济》2001 年第 2 期。

［51］聂鸣、李俊、骆静：《OECD 国家产业集群政策分析和对我国的启示》，载于《中国地质大学学报》（社科版）2002 年第 3 期。

［52］清科研究中心：《2012 年中国创业投资年度研究报告》（2013）。

［53］唐更华：《硅谷——高技术与新制度的完美结合》，载于《软科学》2001 年第 2 期。

［54］唐任伍：《管理审视——中外经济管理比较研究》，北京师范大学出版社 1999 年版。

［55］王德禄、王开健：《科技工业园的兴起》，载于《未来与发展》2001 年第 8 期。

[56] 王缉慈：《关于北京中关村发展模式的深层思考》，载于《北京联合大学学报》2000 年第 1 期。

[57] 王缉慈、周宇：《中关村与国外发达的高技术区域的主要区别》，载于《北京科技报》2001 年 7 月。

[58] 王缉慈等：《创新的空间——企业集群与区域发展》，北京大学出版社 2001 年版。

[59] 王仰东、李楠林、郭曼、马连玉、刘兰、张薇薇：《"千人计划"与海外高层次人才引进的思考》，载于《科技导报》2012 年。

[60] 魏峰：《城市经济中的聚集经济》，载于《城市竞争力》2001 年第 6 期。

[61] 吴贵生：《技术创新网络和技术外包》，载于《科研管理》2000 年 N. 33－43。

[62] 吴敬琏：《中国高技术企业需要什么?》，载于《财经杂志网络版》2000 年第 7 期。

[63] 吴林海：《世界科技工业园区发展历程、动因和发展规律的思考》，载于《高科技与产业化》，1999 年第 1 期。

[64] 吴神赋：《芬兰创业种子公司的运营机制》，载于《中国高新技术产业导报》1997 年 12 月 31 日。

[65] 徐超富：《论跨越式的技术创新》，载于《中国软科学》2001 年第 10 期。

[66] 杨春妮：《国外高科技园区的成功经验与启示》，载于《云南财贸学院学报》2001 年第 6 期。

[67] 余晓：《英国大学科技园区发展现状、趋势及相关政策》，载于《全球科技经济瞭望》2000 年第 7 期。

[68] 中关村科技园区管理委员会：《中关村国家自主创新示范区发展报告 2012》，北京出版集团公司、北京出版社 2012 年版。

[69] 中关村科技园区管理委员会、北京市统计局：《中关村国家自主创新示范区商务指南 2012》，中央编译出版社 2012 年版。

后　记

　　本研究对涉及科技园建设系统的诸多问题进行了国际比较研究。在研究过程中，遵循理论探讨—比较研究—总结经验—结合国情—提出建议的逻辑思路进行分析。本研究的基本结论是：（1）世界成功科技园的经验是各不相同的，各国都有其自身的经济、技术、文化、制度、人才特点，其科技园建设也都不同程度地反映出了这些差异。但是作者认为世界先进科技园的成长过程是有其共同特征的，是有客观规律可循的。科技园如果要成功，必须有高效的运行机制和符合自身国情特点的创新模式，有创新的制度保证和非制度因素的促进作用。只有认识到这些客观规律，并且创造条件去适应这些客观规律的要求，才可能办好科技园。（2）世界先进科技园的成功经验不一定都适合我国的国情。硅谷具有无可比拟的经济、制度、人才、文化优势，其发展过程具有相当的不可复制性，因此在建设我国高新区的过程中过于强调硅谷经验是不现实的。广大发展中国家和地区科技园的发展条件和环境与我国有相似性，因此研究这些成功的科技园，也是很有益的。（3）国内经验值得珍惜。虽然本研究以国际比较研究为题目，在对科技园的研究中，不应当只是注意借鉴国际经验，也非常注意总结国内建设高新区的成功经验。我国高新区发展已经20多年，取得了举世瞩目的成就，高新区本身就有许多在管理体制、优惠政策、法制建设、融资机制、激励措施等方面的创新。及时总结我国高新区的建设经验对实现创新驱动，实现跨越式发展是十分重要的。（4）本研究发现，在这里讨论高新区的新发展和实现创新驱动，不仅是我国高新区面临的新问题，实际上也是世界科技园面临的新问题。科技园经历了几十年的发展，在经济知识化和全球化迅猛发展的今天，如何创造各自的新优势，保证自身的进一步发展，是一个世界性的问题。对于我国高新区来说，以往的快速发展在很大程度上依靠的是优惠政策，也可以说是一种"特区效应"。但是加入 WTO 后，市场化改革的不断推进，这种特殊的优惠待遇还能保持多久？如果失去了这些优惠待遇，高新区还能生存吗？怎样使高新区找到自己新的核心优势，避免被动地依赖于单纯的政策优惠，是我国高新区实现新发展的新课题。

科技园建设的理论与实践是不断创新发展的，由于精力、知识和实践所限，研究难免有不周之处，期望有关专家、同行及广大读者给予斧正！

感谢国家发展改革委、科技部、工业和信息化部，以及中关村科技园区管委会、光彩圣火科技园、北京国际企业孵化中心、北京赛欧科园科技孵化中心等有关领导和同志们的大力支持！作者在此谨向中国科技园的创始者、老前辈及千千万万辛勤耕耘在科技园理论创新与实践创新一线的建设者们表示崇高敬意！

吴神赋

2014 年 1 月 18 日